메코시코주쿠 유학생 대학수험 총서

일본유학시험 (EJU) 실전문제집 전10회수록
이과
생물 Vol.1
BIOLOGY

(주)해외교육사업단

監修	豊原 明（東京大学 PhD）
	馮 嘉卿（電気通信大学）
執筆	楊　斌（上智大学）
	鄒 俊杰（東京大学大学院）
校正	鄒 安妮（東京農工大学）
	程 柯棟（早稲田大学）

©2021 MEKO EDUCATION GROUP Co.,Ltd
All rights reserved. No part of this publication may be reproduced, stored in a retrieval system, or transmitted in any form or by any means, electronic, mechanical, photocopying, recording, or otherwise, without the prior written permission of the Publisher.
Published by MEKO EDUCATION GROUP Co.,Ltd
Dai-san Yamahiro Bldg. 2F, 4-1-1, Kita-Shinjuku, Shinjuku, Tokyo 169-0074, Japan
ISBN978-4-909907-07-3
First published 2021

머 리 말

일본유학시험(EJU)은 외국인 유학생이 일본의 대학에 입학함에 있어 일본어 및 기초학력 평가를 목적으로 2002년부터 실시하고 있는 시험입니다. 2024년 현재, 6월과 11월에 연 2회 실시하고 있으며 일본에서만이 아니고 아시아를 중심으로 많은 나라에서 수험할 수 있습니다.

일본유학시험의 시험과목은 일본어, 이과(물리·화학·생물), 종합과목과 수학으로 크게 4과목으로 나뉘어져 있으며 이과는 물리·화학·생물의 3과목에서 2과목을 선택하고, 수학은 코스1과 코스2 중에서 하나의 코스를 선택합니다. 각 과목의 시간배분은 일본어가 125분, 일본어 이외의 과목은 80분입니다. 배점은 일본어가 450점 만점, 다른 과목에 대해서는 각 200점 만점입니다. 각 과목에는 전문용어도 다수 쓰이고 있기 때문에 어휘력과 문제에 따라서는 독해력도 필요합니다.

메코시코주쿠에서는 일본유학시험의 경향, 분석 등의 연구를 평소 철저히 실시하고 있습니다. 본교에서 작성한 실전문제를 수업에 도입하였더니 실제 시험에서 고득점을 얻은 본교의 학생으로부터 "수업에서 푼 실전문제가 많은 도움이 되었다."라는 의견이 있었습니다. 그러한 경위로 한 사람이라도 더 많이, 일본유학시험을 수험하는 분들에게 힘이 되고 싶다는 생각에서 본 책을 출판하였습니다.

이 책은 과거 일본유학시험의 출제내용에 기초하여 작성하였고 각 과목마다 과거에 출제된 문제에 매우 가까운 내용으로 구성되어 있습니다. 난이도나 출제범위의 경향도 확실히 파악하고 매년 조금씩 변화해가는 경향에도 대처하고 있습니다. 또한, 해설에서는 문제의 요점을 명확하게 기재하고 있으므로 자신이 부족하다고 느끼는 지식이나 틀리기 쉬운 분야를 파악하기 쉽게 되어 있습니다.

학습에 있어서는 마크시트 출제형식에 익숙해지는 것과 더불어 틀린 문제는 반복해서 풀어보십시오. 단순히 암기하는 것만이 아니라 "왜 이러한 답이 되는가?", 해설을 참고하여 해답의 의미까지 확실하게 이해하는 것이 좋습니다.

이 책을 다루신 여러분이 실제 시험에서 고득점을 달성하여 목표로 하는 대학으로 진학하는 꿈을 실현할 수 있도록 마음 속 깊이 응원하고 있습니다.

2024년 2월

메코시코주쿠

이 책에 대하여

[이 책의 특징]

1. 실제 시험에 입각한 형식

　이 책에 수록되어 있는 10회분의 실전문제는 지금까지 출제된 과거의 생물 시험을 철저하게 연구하여 실제 시험과 같은 형식, 출제범위로 작성하였습니다. 그러한 이유로 이 책에 수록되어 있는 문제의 대응력을 익힘으로써 실제 시험에서도 당황하지 않고 제대로 해답할 수 있는 능력을 익힐 수 있습니다.

2. 엄선된 출제 포인트

　이 책에 수록된 10회분의 실전문제, 총 180개의 문제는 과거 생물과목의 시험 경향을 기초로 분야마다 문제 수나 출제 포인트가 설정되어 있습니다. 세포구조와 대사 같은 매우 빈번한 출제 포인트는 물론이고 최근 수년간 출제가 예상되는 생태, 진화에 관한 문제와 매년 계속 등장하는 새로운 형식과 항목의 문제까지 일본유학시험 물리과목의 출제형식에 맞춘 형태로 수록하고 있습니다. 이 책에 수록된 문제를 푸는 것을 통해 좋은 결과를 얻을 수 있게 게 되기를 바랍니다.

3. 풍부한 복습 포인트

　이 책의 문제를 해답한 후에는 책의 끝부분에 있는 해답·해설을 활용해 봅시다. 자신이 풀지 못했던 문제뿐만이 아니라, 풀 수 있었던 문제도 관련항목과 주의해야할 포인트가 모든 문제에 대해 기재되어 있으므로 그것을 바탕으로 더욱 지식을 쌓을 수가 있고 폭 넓은 출제 포인트에 대비할 수 있습니다.

[이 책의 사용법]

　생물에서 지정되고 있는 출제 범위의 학습이 끝났다면 우선은 실제 시험과 완전히 같은 제한시간으로 이 책의 실전문제를 풀어봅시다. 각 회의 실전문제의 표지 오른쪽 아래에 있는 QR코드로 Web페이지에 접속하면 해답용지가 표시됩니다.

　문제를 다 풀었다면 정답과 더불어 득점과 득점분포를 확인해 봅시다. 자신의 득점을 다른 수험생의 득점과 비교하는 것이 가능합니다. 자신의 학습 진척상황을 인식하기 위해 활용해 주십시오. 또한, 득점분포에 관해서는 일본유학시험과 마찬가지로 항목반응 이론을 사용한 득점등화를 실시하고 있으므로 실제 시험에 가까운 결과를 얻을 수 있습니다. 책의 끝부분에 있는 실제 시험과 같은 형식의 마크시트 해답용지가 있으므로 이용해 보십시오.

　득점을 확인했다면 자신의 득점에 일희일비하지 마시고 Web에서나 책의 끝부분에 있는 해답·해설을 이용하여 해답할 수 없었던 문제는 어째서 해답할 수 없었는지, 해답할 때 어떤 지식이 필요했는지를 확인해 보십시오. 추가로 정답인 부분에 대해서도 해답·해설에 관련된 항목 등이 기재되어 있으므로 자신의 지식을 쌓기 위해 확실하게 복습합시다. 그리고 여러 번 문제를 푸는 과정에서 자신의 강점인 분야, 약점인 분야를 파악하여 학습시간 배분을 정하는 것에 도움이 될 것입니다.

　이 책은 단순히 실전문제를 해답하고 끝나는 것이 아닙니다. 그 결과를 놀아보고 더 나아가서 지식을 쌓음으로써 진정한 가치를 얻을 수 있습니다.

　이 책의 문제를 여러 번 풀어 생물에 대한 대책에 만전을 기하신다면 여러분은 실제 시험에서도 반드시 좋은 결과를 낼 수 있을 것입니다!

　그럼, 힘내봅시다!

득점분포의 확인

● STEP 1
먼저 각 회의 실전문제 표지 오른쪽 아래에 있는 QR코드를 스마트폰으로 읽어냅니다.

● STEP 2
읽히게 되면 해답용지가 표시됩니다. 정답이라고 생각하는 번호를 클릭하여 진행해봅시다. 마지막까지 다 풀었다면 화면 아래에 있는 「제출과 정답표」 버튼을 누릅니다.

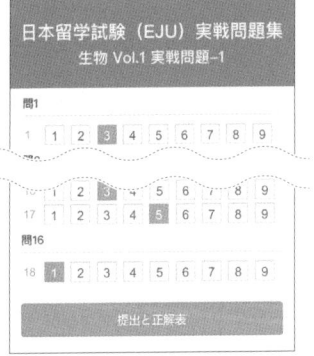

● STEP 3
정답표가 표시됩니다. 틀린 문제는 정답번호가 빨갛게 표시되므로 확실히 복습합시다. 「해설」 버튼을 누르면 해설을 확인할 수 있습니다. 또한, 화면 아래쪽의 「득점분포를 본다」 라는 버튼을 누르면 자신의 득점과 전체 수험자 중에서 자신의 위치를 확인할 수 있습니다.

※ 확인하기 위해서는 등록과 로그인이 필요합니다. (→조작방법은 STEP4에서 확인하실 수 있습니다.)

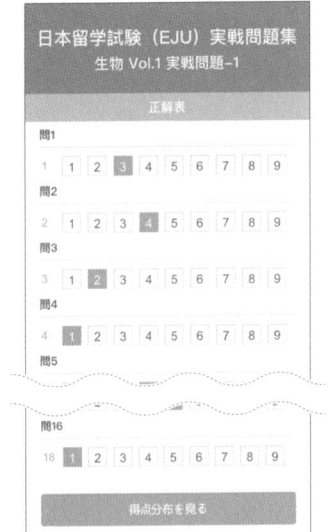

● STEP 4
「득점분포를 본다」 라는 버튼을 누르면 등록화면이 표시됩니다. 필수항목을 모두 기입하고 「등록」 버튼을 눌러주십시오.

● STEP 5
자신의 득점 및 득점분포가 표시됩니다.

※ 실전문제는 몇 번이든지 수험할 수 있습니다만 득점과 득점분포의 산출은 1인당 1회만 가능합니다.

※ 일본유학시험과 거의 동일하게 항목반응이론에 의한 득점등화를 실시하고 있습니다.

※ 수험자수가 증가함에 따라서 득점기준이 변화하는 점을 양해바랍니다.

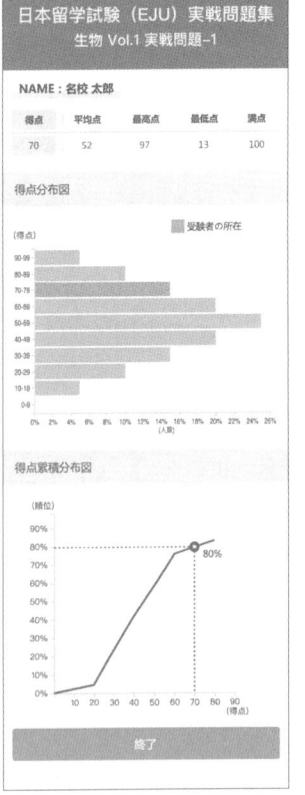

일본유학시험(EJU) 실전문제집
이과 생물 Vol.1

CONTENTS

003　머리말
004　이 책에 대하여
006　득점분포 확인

009　제 1 회　실전문제
029　제 2 회　실전문제
045　제 3 회　실전문제
061　제 4 회　실전문제
075　제 5 회　실전문제
091　제 6 회　실전문제
107　제 7 회　실전문제
123　제 8 회　실전문제
139　제 9 회　실전문제
153　제10회　실전문제

171　해답용지
175　정답표
187　해설

第 1 回

実戦問題
解答時間 35分

正解と得点分布図確認

QRコードを読み取ってオンライン解答用紙に解答を記入し、正解と得点分布を確認してください。

生物

> 「解答科目」記入方法
>
> 解答科目には「物理」,「化学」,「生物」がありますので,この中から2科目を選んで解答してください。選んだ2科目のうち,1科目を解答用紙の表面に解答し,もう1科目を裏面に解答してください。
>
> 「生物」を解答する場合は,右のように,解答用紙にある「解答科目」の「生物」を○で囲み,その下のマーク欄をマークしてください。
>
> 科目が正しくマークされていないと,採点されません。

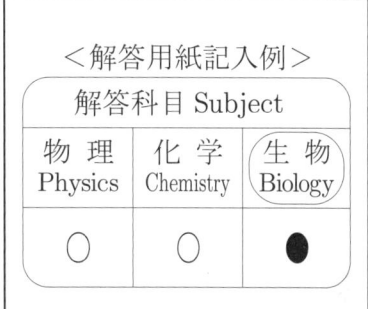

問1　生命活動において,ATPを**必ずしも必要としないもの**を,次の①～⑤の中から一つ選びなさい。　　　　　　　　　　　　　　　　　　　　　　　　　　　　　　　　　　 1

① タンパク質の合成　　② ホタルの発光　　③ 酵素と基質の反応
④ 筋収縮　　　　　　　⑤ 解糖系

第1回 実戦問題

問2 タンパク質について述べた次の文①〜④の中から，正しいものを一つ選びなさい。　2

① タンパク質中の一つのアミノ酸が別のアミノ酸に変わるだけで，タンパク質のはたらきに大きな影響がでるようなことはない。

② 異なる生物種で同じはたらきをするタンパク質では，必ずアミノ酸配列は同じである。

③ インスリンの2本のポリペプチドのセリンの側鎖どうしでは，ジスルフィド結合がつくられる。これによって2本鎖はつながっている。

④ ヘモグロビンは，アミノ酸配列が異なる2種類のポリペプチド鎖が2本ずつ集まり，立体構造を形成している。このように複数のポリペプチドが組み合わさってできる立体構造を四次構造という。

問3 生体内ではさまざまな化学反応が進行している。化学反応の進行には，グルコースなどの有機物を分解することによって生産されたATPが用いられる。グルコースの分解の最初段階となる解糖系が細胞のどこにおこなわれるか。正しいものを下図に示す細胞の構造①〜⑤の中から，一つ選びなさい。 3

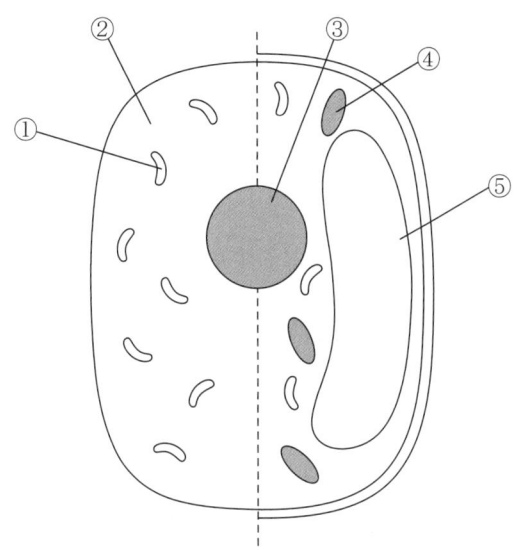

第1回　実戦問題

問4　C_4植物とCAM植物について述べた次の文①〜⑤の中から，正しいものを一つ選びなさい。

4

① C_4植物とCAM植物はどちらもカルビン・ベンソン回路以外に，二酸化炭素を固定する別の仕組みを持つ。

② C_4植物では，維管束鞘細胞で作られたC_4化合物が葉肉細胞に送られる。

③ CAM植物ではC_4化合物は昼間に合成される。

④ C_4植物がC_4化合物を合成する酵素反応は，カルビン・ベンソン回路に比べると高濃度の二酸化炭素を必要とする。

⑤ CAM植物では，合成されたC_4化合物は葉緑体に蓄えられていて，カルビン・ベンソン回路に二酸化炭素を必要とする。

このページには問題はありません。
次のページに進んでください。

問5 下図は、あるDNAが転写・翻訳される過程を模式的に示したものである。遺伝暗号表を参考にして、次の問い(1), (2)に答えなさい。

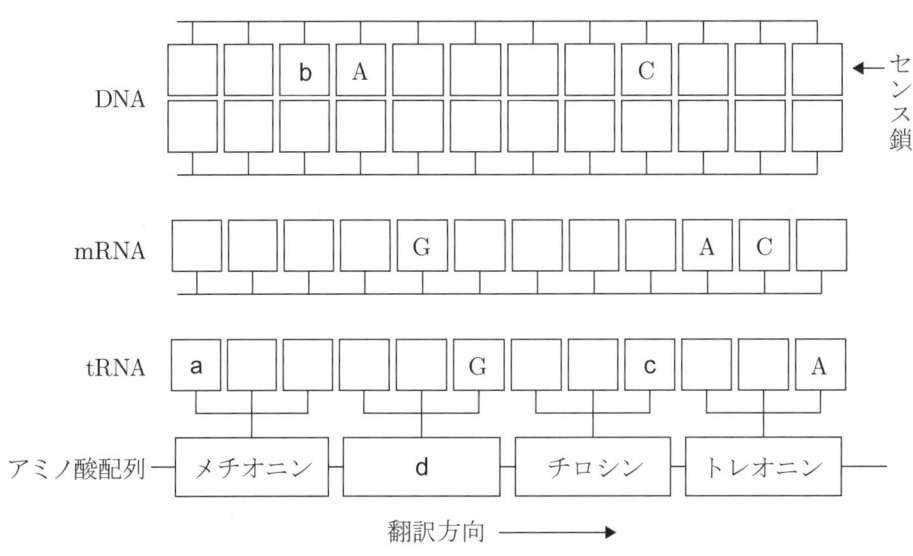

遺伝暗号表

		コドンの2番目の塩基								
		U		C		A		G		
コドンの1番目の塩基	U	UUU UUC	フェニル アラニン	UCU UCC UCA UCG	セリン	UAU UAC	チロシン	UGU UGC	システイン	U C
		UUA UUG	ロイシン			UAA UAG	終止	UGA UGG	終止 トリプトファン	A G
	C	CUU CUC CUA CUG	ロイシン	CCU CCC CCA CCG	プロリン	CAU CAC	ヒスチジン	CGU CGC CGA CGG	アルギニン	U C A G
						CAA CAG	グルタミン			
	A	AUU AUC AUA	イソロイシン	ACU ACC ACA ACG	トレオニン	AAU AAC	アスパラギン	AGU AGC	セリン	U C
		AUG	メチオニン (開始)			AAA AAG	リシン	AGA AGG	アルギニン	A G
	G	GUU GUC GUA GUG	バリン	GCU GCC GCA GCG	アラニン	GAU GAC	アスパラギン酸	GGU GGC GGA GGG	グリシン	U C A G
						GAA GAG	グルタミン酸			

コドンの3番目の塩基

(1) 図中のa～cに入る塩基の略記号は何か。その組み合わせとして最も適切なものを，次の①～⑧の中から一つ選びなさい。　5

	a	b	c
①	U	C	C
②	U	C	G
③	U	G	C
④	U	G	G
⑤	A	C	C
⑥	A	C	G
⑦	A	G	C
⑧	A	G	G

(2) 図中のdに入るアミノ酸は何か。最も適切なものを次の①～⑥の中から一つ選びなさい。　6

① トリプトファン　　② チロシン　　③ トレオニン
④ アルギニン　　　　⑤ セリン　　　⑥ システイン

問6 下の図はヒトの体温調節の仕組みについて模式的に示したものである。図中のA，B，Cに当てはまる語句の組み合わせとして正しいものを，下の①～⑨の中から一つ選びなさい。

7

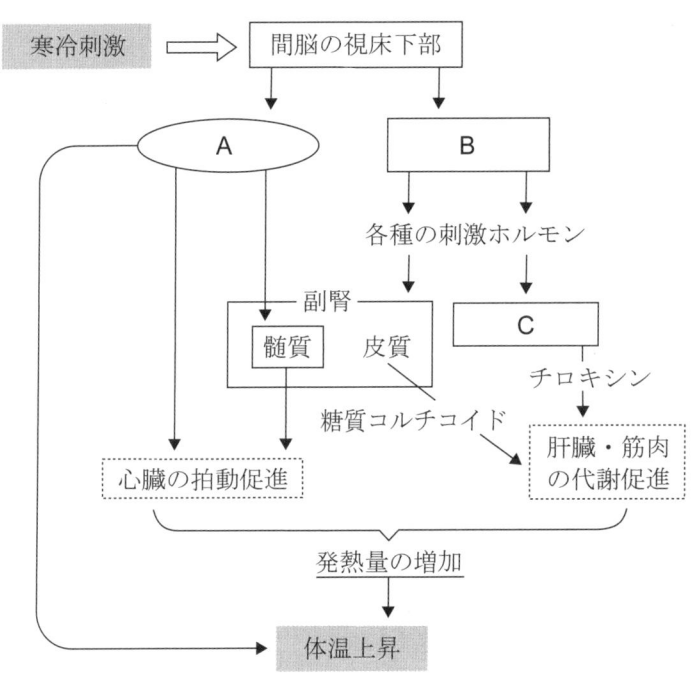

	A	B	C
①	運動神経	甲状腺	ランゲルハンス島
②	運動神経	脳下垂体前葉	甲状腺
③	運動神経	ランゲルハンス島	脳下垂体前葉
④	交感神経	甲状腺	ランゲルハンス島
⑤	交感神経	脳下垂体前葉	甲状腺
⑥	交感神経	ランゲルハンス島	脳下垂体前葉
⑦	副交感神経	甲状腺	ランゲルハンス島
⑧	副交感神経	脳下垂体前葉	甲状腺
⑨	副交感神経	ランゲルハンス島	脳下垂体前葉

問7 下の図の実線はヘモグロビンの酸素解離曲線を，点線はミオグロビンの酸素解離曲線を示している。もし，ヒトの赤血球に含まれる酸素運搬に関わる分子がヘモグロビンではなく，全てミオグロビンであった場合，酸素の供給に与える影響として考えられるものを，下の①〜④の中から一つ選びなさい。 8

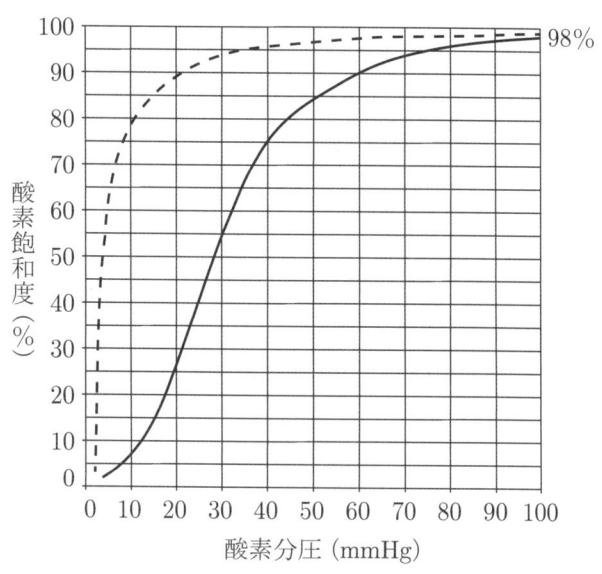

① ヘモグロビンと同程度に，末梢の組織に酸素を供給できる。
② 肺胞において大量の酸素と結合できるため，末梢の組織への酸素の供給がヘモグロビンに比べて大きく増加する。
③ 末梢において大量の酸素と放出できるため，末梢の組織への酸素の供給がヘモグロビンに比べて大きく増加する。
④ 末梢において酸素をわずかにしか放出できないため，末梢の組織への酸素の供給がヘモグロビンに比べて大きく低下する。

問8 植物細胞内に存在する光受容体について述べた文として正しいものを，次の①〜⑥の中から一つ選びなさい。 9

① ロドプシンは，暗順応に関与する。
② ロドプシンは，明順応に関与する。
③ フォトトロピンは，光発芽に関与する。
④ フォトトロピンは，光屈性に関与する。
⑤ カロテノイドは，気孔閉鎖に関与する。
⑥ カロテノイドは，気孔開放に関与する。

問9 下図はヒトの腎臓内部の構造を模式的に示したものである。下図に関する記述として正しいものを，下の①～⑤の中から一つ選びなさい。 10

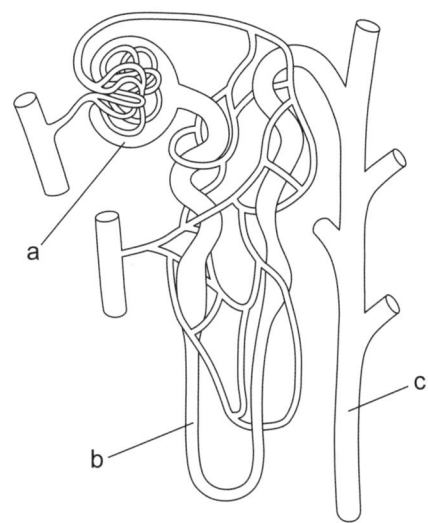

① aは糸球体であり，毛細血管とともにネフロンを形成する。
② aを流れている原尿には，グルコースは含まれていない。
③ bは細尿管であり，水は毛細血管から細尿管へと再吸収される。
④ bでは，原尿に含まれるナトリウムイオン（Na⁺）が再吸収される。
⑤ cは集合管であり，この管が直接ぼうこうと接続している。

問10 下図はヒトの右眼の網膜上における桿体細胞と錐体細胞の分布を，視軸からの角度によって表したものである。下図に関する記述として適切なものを，下の①～⑤の中から一つ選びなさい。 11

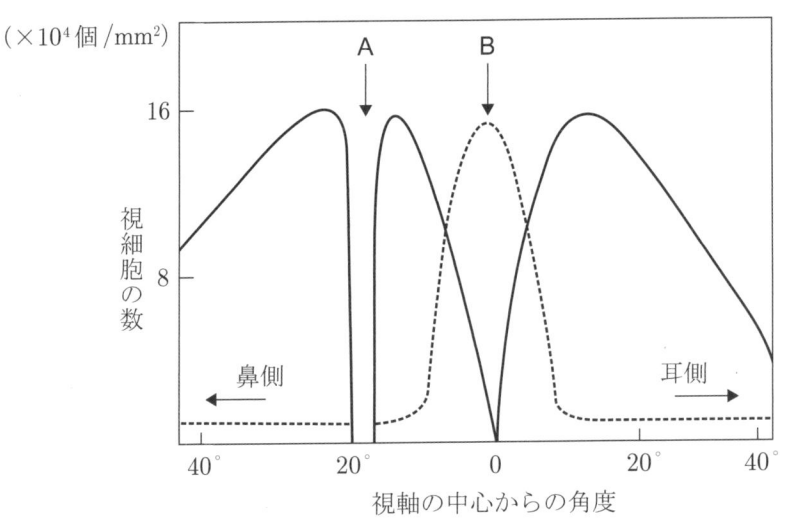

① 実線は桿体細胞の分布を，点線は錐体細胞の分布を表している。
② 網膜上の矢印Bの部位では，ほかの部位と比べ，より弱い光でも光を感じることができる。
③ 点線で示した細胞は，ロドプシンという視物質を含んでいる。
④ 網膜上の矢印Aの部位では，色の区別はできないが，明暗は区別することができる。
⑤ 網膜上の矢印Bの部位より，視神経が網膜を離れ，大脳に向かう。

問11 下の図は減数分裂の各段階を模式的に示したものである。

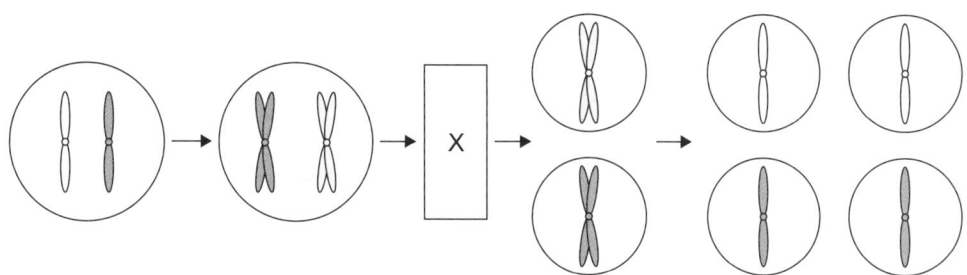

図中の X の段階では，体細胞分裂にはみられない生殖細胞に特徴的な染色体の挙動がみられる。その挙動を表す模式図として最も適切なものを下の①～④の中から一つ選びなさい。 12

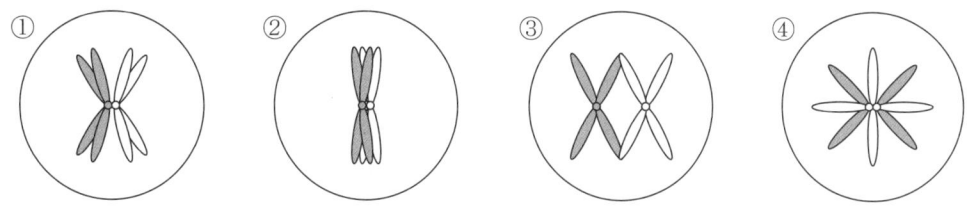

第1回　実戦問題

問12　優性の遺伝子 *A* と *B*，劣性の遺伝子 *a* と *b* をそれぞれ同一の染色体にもつ植物の親の遺伝子型が *AaBb* であるとする。自家受精によって生じた F_1 の表現型の分離比は，

$$[AB]:[Ab]:[aB]:[ab] = 177:15:15:49$$

であった。その植物の組換え価として最も適当なものを，次の①～⑦のうちから一つ選びなさい。　13　%

① 0　　　② 6.0　　　③ 10.0　　　④ 11.7
⑤ 12.5　　⑥ 18.5　　⑦ 25.0

問13　ホルモンについて述べた文として**誤っているもの**を，次の①～⑤の中から一つ選びなさい。　14

① ごく微量で作用を示す。
② 血液の循環によって全身に運ばれる。
③ 内分泌腺とよばれる器官から分泌される。
④ 排出管を通って分泌される。
⑤ 1種類のホルモンが，複数の標的器官の細胞に作用することがある。

問14 動物の生存曲線は種によってさまざまであるが，大別すると次の図に示すA，B，C型に区分することができる。図の横軸は，最大寿命を100に換算した時の年齢を，縦軸は出生数を1000個体に換算した時の生存数を示している。上記の型の説明として最も適切なものを，下の①～⑥の中から一つ選びなさい。 15

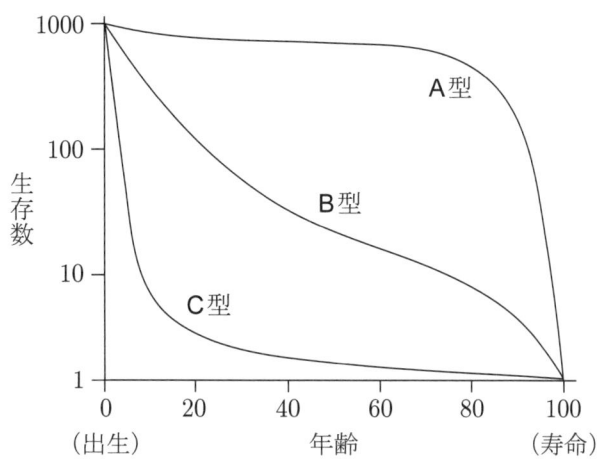

① A型の生物種は生涯を通して死亡率がほぼ一定で，少数の卵や子を産み，親が子を保護する。
② A型の生物種は発育初期における死亡率が高く，多数の卵や子を産み，親が子を保護する。
③ B型の生物種は幼若個体の死亡率が高く，他の型に比べて老齢個体の比例が高い。
④ B型の生物種は生涯を通して死亡率がほぼ一定で，他の型に比べて老齢個体の比例が高い。
⑤ C型の生物種は発育初期における死亡率が低く，多数の卵や子を産む。
⑥ C型の生物種は発育初期における死亡率が高く，多数の卵や子を産む。

第1回　実戦問題

問15　下の図はダイズを異なった個体群密度で育てたときの生育状況を表している。横軸は個体群密度を，縦軸は個体群の質量，または個体の平均質量を示している。図を参考に問い(1)，(2)に答えなさい。

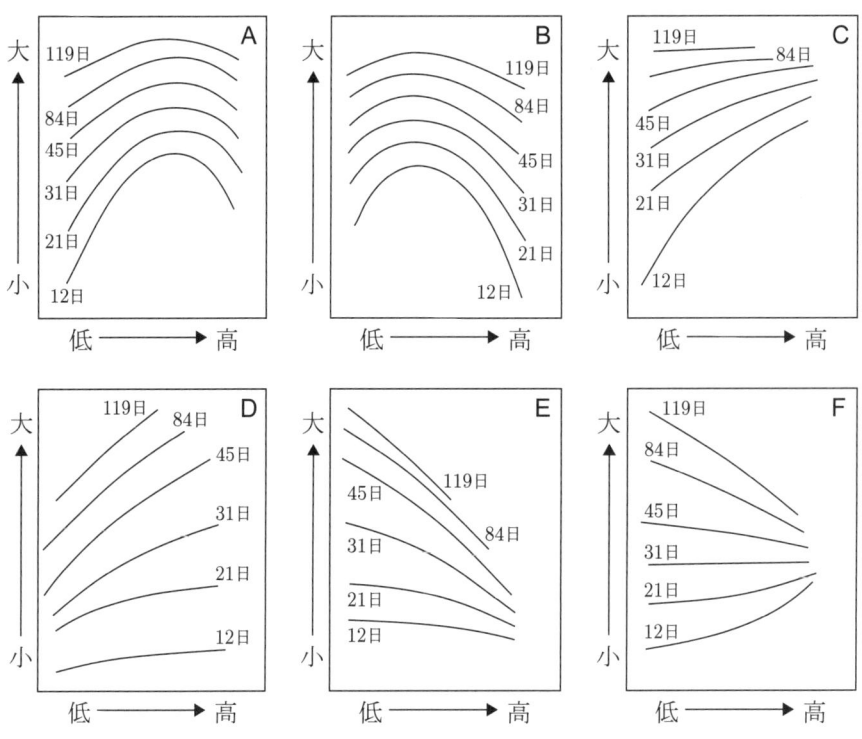

(1) 個体群の質量を示したグラフとして最も適切なものを，次の①～⑥の中から一つ選びなさい。　**16**

　① A　　② B　　③ C　　④ D　　⑤ E　　⑥ F

(2) 個体の平均質量を示したグラフとして最も適切なものを，次の①～⑥の中から一つ選びなさい。　**17**

　① A　　② B　　③ C　　④ D　　⑤ E　　⑥ F

問16 動物は，胚葉の区別がない無胚葉性のもの，二胚葉性のもの，および三胚葉性のものに大別される。次の文は，三胚葉性の動物の分類について述べたものである。文中の空欄 a ～ c に当てはまる語句の正しい組み合わせを，下の①〜⑧の中から一つ選びなさい。 18

三胚葉性の動物は，旧口動物と新口動物に分けられる。旧口動物は，脱皮をして成長する脱皮動物類と脱皮しない成長する a 動物類に大別される。新口動物には，棘皮動物，原索動物や脊椎動物などが含まれる。棘皮動物の成体は， b 相称のものが多い。また，新口動物の中で最も複雑な構造を持つ動物群が脊椎動物である。原索動物と脊椎動物は，一生のうちいずれかの時期に c を持つ近縁の動物群である。

	a	b	c
①	冠輪	五放射	脊索
②	冠輪	五放射	脊髄
③	冠輪	左右	脊索
④	冠輪	左右	脊髄
⑤	節足	五放射	脊索
⑥	節足	五放射	脊髄
⑦	節足	左右	脊索
⑧	節足	左右	脊髄

生物の問題はこれで終わりです。解答欄の 19 ～ 75 はマークしないでください。
解答用紙の科目欄に「生物」が正しくマークしてあるか，もう一度確かめてください。

この問題冊子を持ち帰ることはできません。

第2回

実戦問題

解答時間 **35分**

正解と得点分布図確認

QRコードを読み取ってオンライン解答用紙に解答を記入し、正解と得点分布を確認してください。

生物

「解答科目」記入方法

解答科目には「物理」,「化学」,「生物」がありますので,この中から2科目を選んで解答してください。選んだ2科目のうち,1科目を解答用紙の表面に解答し,もう1科目を裏面に解答してください。

「生物」を解答する場合は,右のように,解答用紙にある「解答科目」の「生物」を〇で囲み,その下のマーク欄をマークしてください。

科目が正しくマークされていないと,採点されません。

第2回 実戦問題

問1 タンパク質は下図に示すようなアミノ酸が多数つながった生体高分子である。図中のAの名称と，Bの名称と，アミノ酸の性質を決める部分の組み合わせとして正しいものを，下の①〜⑧の中から一つ選びなさい。 1

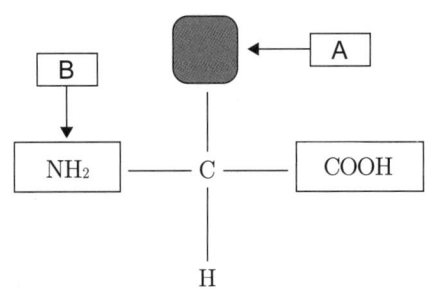

	Aの名称	Bの名称	アミノ酸の性質を決める部分
①	アミノ基	側鎖	アミノ基
②	アミノ基	側鎖	側鎖
③	アミノ基	側鎖	カルボキシル基
④	アミノ基	側鎖	水素
⑤	側鎖	アミノ基	アミノ基
⑥	側鎖	アミノ基	側鎖
⑦	側鎖	アミノ基	カルボキシル基
⑧	側鎖	アミノ基	水素

問2 対物レンズを10倍にした顕微鏡に，接眼ミクロメーターと対物ミクロメーターをセットして観察してみると，両方の目盛りが図1のように見えた。同じ倍率でヒトの精子を観察したところ，図2のように見えた。精子の全長は何μmか，最も近い数字を次の①〜⑥の中から一つ選びなさい。ただし，対物ミクロメーターには1mmを100等分した目盛りがついている。　　　　　　　　　　　　　　　　　　　　　　　　　　　　　　　2 μm

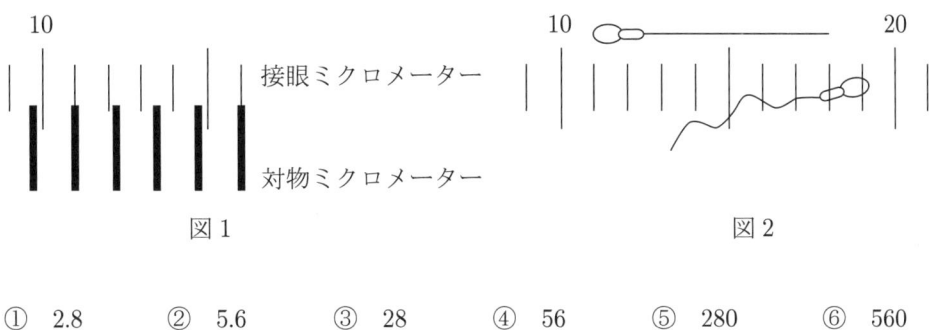

図1　　　　　　　　　　　　　　　　図2

① 2.8　　② 5.6　　③ 28　　④ 56　　⑤ 280　　⑥ 560

問3 ミトコンドリアと葉緑体について述べた文a〜eのうち，両者が共通する特徴の組み合わせとして最も適切なものを，下の①〜⑨の中から一つ選びなさい。　　　3

a　DNAをもつ。
b　細胞壁をもつ。
c　分裂して増殖する。
d　酸素を発生する。
e　水素イオン（H^+）濃度勾配を利用してATPを合成する。

① a, b, c　　② a, b, d　　③ a, b, e
④ a, c, d　　⑤ a, c, e　　⑥ a, d, e
⑦ b, c, d　　⑧ b, c, e　　⑨ c, d, e

問4 植物が窒素同化に利用する硝酸イオンは根から吸収されて葉に運ばれる。次の図は，葉肉細胞における窒素同化を示したものである。図中のA～Dに当てはまるものの組み合わせとして最も適当なものを，下の①～⑧の中から一つ選びなさい。 4

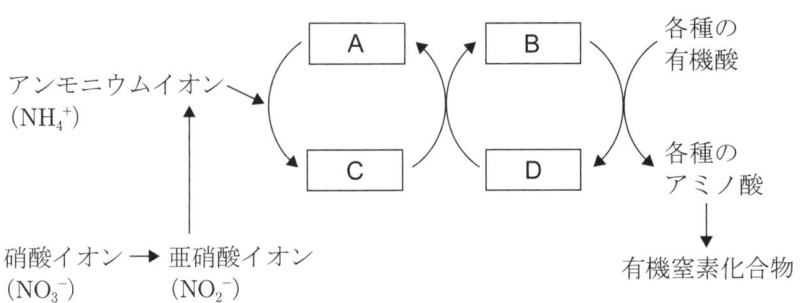

	A	B	C	D
①	グルタミン酸	グルタミン酸	グルタミン	ケトグルタル酸
②	グルタミン酸	グルタミン酸	ケトグルタル酸	グルタミン
③	グルタミン	ケトグルタル酸	グルタミン酸	グルタミン酸
④	ケトグルタル酸	グルタミン	グルタミン酸	グルタミン酸
⑤	グルタミン	グルタミン	グルタミン酸	ケトグルタル酸
⑥	グルタミン	グルタミン	ケトグルタル酸	グルタミン酸
⑦	グルタミン酸	ケトグルタル酸	グルタミン	グルタミン
⑧	ケトグルタル酸	グルタミン酸	グルタミン	グルタミン

問5 ヒトの赤血球について述べた文として正しいものを，次の①〜⑤の中から一つ選びなさい。 5

① 成熟した赤血球は核がみられ，中央がくぼんだ円盤状の形をしている。
② 赤血球の寿命は約60日で，成人では骨髄でつくられ，肝臓やひ臓で壊される。
③ 赤血球内のナトリウムイオン（Na^+）濃度は血しょう中より低く，カリウムイオン（K^+）濃度は血しょう中より高い。
④ ヘモグロビンは，血液中の酸素濃度が低いほど，多くの酸素と結合しやすい。
⑤ 赤血球は二酸化炭素（CO_2）の運搬に関与していない。

問6 ヒトの血液循環の経路の中で，酸素ヘモグロビンが多く存在する動脈血が流れる部位のみを含む組み合わせとして最も適当なものを，次の①〜⑧の中から一つ選びなさい。 6

① 右心房，大動脈，大静脈
② 右心房，大動脈，肺静脈
③ 右心房，肺動脈，大静脈
④ 右心房，肺動脈，肺静脈
⑤ 左心房，大動脈，大静脈
⑥ 左心房，大動脈，肺静脈
⑦ 左心房，肺動脈，大静脈
⑧ 左心房，肺動脈，肺静脈

問7 次の図は静止電位と活動電位を示している。図中の期間Aは静止電位で，活動電位の期間B，Cの電位や電位変化が主要な1種類だけのイオンチャネルの開閉で決まる。次の問い(1)，(2)に答えなさい。

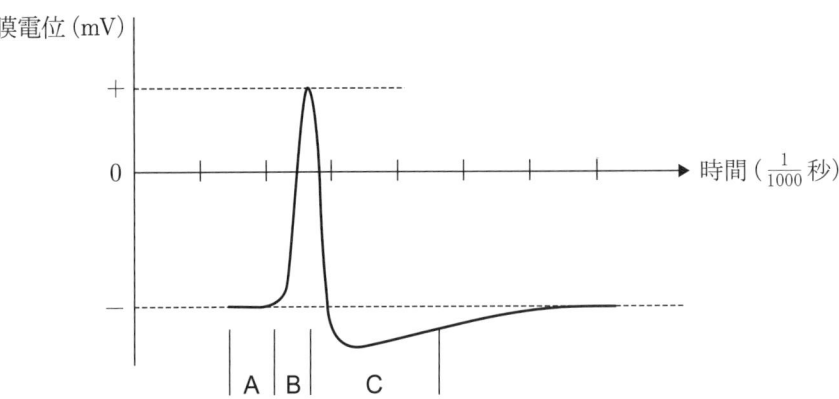

(1) 期間Bについて説明した文として最も適切なものを，次の①〜⑧の中から一つ選びなさい。　7

① 電位依存性ナトリウムイオン(Na^+)チャネルが開き，Na^+が細胞内から細胞外へ流出している。
② 電位に依存しないNa^+チャネルが開き，Na^+が細胞内から細胞外へ流出している。
③ 電位依存性カリウムイオン(K^+)チャネルが開き，K^+が細胞内から細胞外へ流出している。
④ 電位に依存しないK^+チャネルが開き，K^+が細胞内から細胞外へ流出している。
⑤ 電位依存性Na^+チャネルが開き，Na^+が細胞外から細胞内へ流入している。
⑥ 電位に依存しないNa^+チャネルが開き，Na^+が細胞外から細胞内へ流入している。
⑦ 電位依存性K^+チャネルが開き，K^+が細胞外から細胞内へ流入している。
⑧ 電位に依存しないK^+チャネルが開き，K^+が細胞外から細胞内へ流入している。

(2) 期間 C について説明した文として最も適切なものを，次の①～⑧の中から一つ選びなさい。　　　8

① 電位依存性 Na^+ チャネルが開き，Na^+ が細胞内から細胞外へ流出している。
② 電位に依存しない Na^+ チャネルが開き，Na^+ が細胞内から細胞外へ流出している。
③ 電位依存性 K^+ チャネルが開き，K^+ が細胞内から細胞外へ流出している。
④ 電位に依存しない K^+ チャネルが開き，K^+ が細胞内から細胞外へ流出している。
⑤ 電位依存性 Na^+ チャネルが開き，Na^+ が細胞外から細胞内へ流入している。
⑥ 電位に依存しない Na^+ チャネルが開き，Na^+ が細胞外から細胞内へ流入している。
⑦ 電位依存性 K^+ チャネルが開き，K^+ が細胞外から細胞内へ流入している。
⑧ 電位に依存しない K^+ チャネルが開き，K^+ が細胞外から細胞内へ流入している。

問8 下図は植物ホルモンと細胞の成長との関係を模式的に示したものである。図中の空欄 A ～ C に入る植物ホルモンの組み合わせとして最も適切なものを，下の①～⑥の中から一つ選びなさい。ただし，図中の破線はセルロース繊維の並びを示す。 9

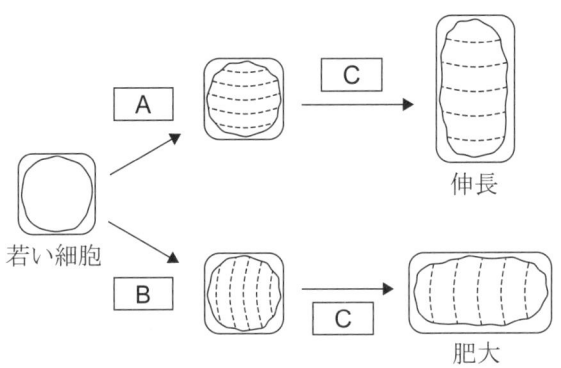

	A	B	C
①	エチレン	オーキシン	ジベレリン
②	エチレン	ジベレリン	オーキシン
③	オーキシン	エチレン	ジベレリン
④	オーキシン	ジベレリン	エチレン
⑤	ジベレリン	エチレン	オーキシン
⑥	ジベレリン	オーキシン	エチレン

問9 動物の受精には1個の卵細胞に1個の精子しか入れない多精拒否のしくみがある。下図は受精前後のウニの卵の膜電位の変化を示している。時間区分a～dのうち，多精拒否の状態にあるものを，次の①～⑨の中から一つ選びなさい。　10

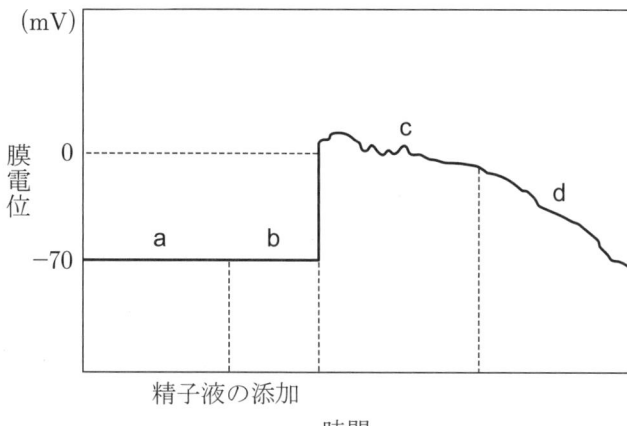

① a　　　　　　② b　　　　　　③ c
④ d　　　　　　⑤ a, b　　　　　⑥ b, c
⑦ c, d　　　　　⑧ a, b, c　　　　⑨ b, c, d

問10 観賞用カボチャの果皮の色は，連鎖していない2組の対立遺伝子のはたらき合いによって決まる。1組は果皮を黄色にする遺伝子Yと緑色にする遺伝子yで，Yはyに対して優性である。もう1組の遺伝子としてWとwがあり，WはYやyのはたらきを抑えて果皮を白色にする遺伝子である。wはそのようなはたらきをもたない遺伝子で，Wはwに対して優性である。次の問い(1), (2)に答えなさい。

(1) 次の文は観賞用カボチャの果皮の色にかかわる遺伝子とその形質について述べたものである。文中の空欄 a ～ c に当てはまる語句の正しい組み合わせを，下の①～⑨の中から一つ選びなさい。　11

Wが存在すれば果皮の色はすべて a である。wwYYの遺伝子型をもつカボチャの果皮の色は b で，wwyyの遺伝子型をもつカボチャの色は c である。

	a	b	c
①	白色	黄色	緑色
②	白色	黄色	白色
③	白色	緑色	黄色
④	黄色	白色	緑色
⑤	黄色	黄色	白色
⑥	黄色	緑色	黄色
⑦	緑色	白色	緑色
⑧	緑色	黄色	白色
⑨	緑色	緑色	黄色

(2) WWYYの遺伝子型をもつ個体とwwyyの遺伝子型をもつ個体を交雑して得られるF_1どうしの交雑で得られるF_2の果皮の色の分離比として，次の①～④の中から正しいものを一つ選びなさい。　12

① 白色：黄色：緑色＝12：3：1　② 白色：黄色：緑色＝9：6：1
③ 白色：黄色：緑色＝9：4：3　④ 白色：黄色：緑色＝9：3：4

問11 DNAの複製はPCR法によって人工的に行うことができる。次の図で示した塩基配列を持つDNA断片をPCR法で増幅させるために適切なDNAプライマーを設計した。5′末端から5塩基だけ示したプライマーの組み合わせとして適当なものを，下の①〜④の中から一つ選びなさい。 13

```
5′ — ATCTGACTGATCG ——————— ACTAAGCATCGGA — 3′
3′ — TAGACTGACTAGC ——————— TGATTCGTAGCCT — 5′
```

① 5′— TAGAC ———, 5′— AGGCT ———
② 5′— TAGAC ———, 5′— TCCGA ———
③ 5′— ATCTG ———, 5′— AGGCT ———
④ 5′— ATCTG ———, 5′— TCCGA ———

問12 抗体について述べた文として**誤っているもの**を，次の①〜⑤の中から一つ選びなさい。 14

① 免疫グロブリンとよばれるタンパク質である。
② 細菌の産生する毒素に結合すると，毒性を弱めることができる。
③ 抗原と特異的に結合する部位を定常部という。
④ スギ花粉症のアレルギー反応に関係している。
⑤ 白血球の食作用を強めることができる

第2回 実戦問題

問13 個体群の大きさを調べた以下の結果について，問い(1)，(2)に答えなさい。

ある池にいる1種類の魚の全個体数を標識再捕獲法を用いて調べた。まず，100匹をとらえ，ひれの一部を着色してから再び池に放した。その後，1日ごとに魚を捕獲して，そのうちの標識された個体の数を確認する作業を行った。下の表は，この作業を7日間行った結果をまとめたものである。

標識個体を放してからの日数	捕獲数	標識個体数
1	80	25
2	120	30
3	64	10
4	160	20
5	127	16
6	120	15
7	131	16

(1) 標識個体と無標識個体が均一に混ざり合うようになった初めての日は何日目か。正しいものを次の①〜⑦の中から一つ選びなさい。　15

① 1日　　② 2日　　③ 3日　　④ 4日
⑤ 5日　　⑥ 6日　　⑦ 7日

(2) 推定されるこの魚の全個体数として最も適当なものを，次の①〜⑤の中から一つ選びなさい。　16

① 400　　② 600　　③ 800　　④ 1000　　⑤ 1200

問14 外来種の説明として誤っているものを，次の①〜⑤の中から一つ選びなさい。 17

① 人間の生活環境に害を与えるものも存在する。
② 農作物に被害を与えるものも存在する。
③ 意図せず侵入を許してしまったものも含まれる。
④ 渡り鳥や海流によって運ばれた植物も含まれる。
⑤ 国内の本来生息していなかった地域に人為的に移入された生物も含まれる。

問15 次のa〜eは生物の進化の過程で起きた出来事である。a〜eが起きた順として正しいものを，下の①〜⑧の中から一つ選びなさい。 18

a 三葉虫の繁栄　　　b ハ虫類の出現　　　c 哺乳類の出現
d 被子植物の出現　　e エディアカラ生物群の出現

① a→e→d→b→c　　　② a→e→b→c→d
③ a→e→b→d→c　　　④ a→e→d→b→c
⑤ e→a→d→b→c　　　⑥ e→a→b→c→d
⑦ e→a→b→d→c　　　⑧ e→a→d→b→c

生物の問題はこれで終わりです。解答欄の 19 〜 75 はマークしないでください。
解答用紙の科目欄に「生物」が正しくマークしてあるか，もう一度確かめてください。

この問題冊子を持ち帰ることはできません。

第3回

実戦問題

解答時間 **35分**

正解と得点分布図確認

QRコードを読み取ってオンライン解答用紙に解答を記入し、正解と得点分布を確認してください。

生物

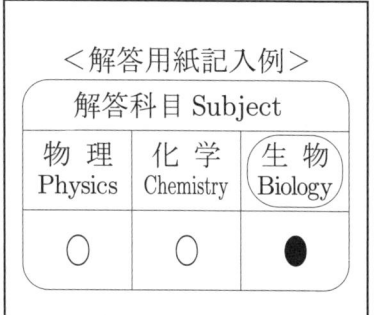

問1　生物のからだを構成する物質について述べた次の文a～eの中から正しいものを二つ選び，その組み合わせを下の①～⑦の中から一つ選びなさい。　　1

a　炭水化物には，グルコースのような単糖類，グリコーゲンのような二糖類がある。
b　脂質には，脂肪のほか，生体膜を構成するリン脂質も含まれる。
c　タンパク質は，アミノ酸がペプチド結合によって重合してできたものである。
d　核酸はヌクレオチドを構成する単位として，その合成は5'末端から3'末端の方向に行われる。
e　タンパク質を構成するアミノ酸は20種類あり，システインはリン(P)を含んでいる。

①　a, b　　②　a, c　　③　b, c　　④　b, d
⑤　c, d　　⑥　c, e　　⑦　d, e

第3回　実戦問題

問2　細胞内には，細胞の運動や物質の輸送にかかわるさまざまなタンパク質がある。次のタンパク質a〜dのうち，微小管の上を動くモータータンパク質を二つ選び，その組み合わせとして正しいものを，下の①〜⑥の中から一つ選びなさい。　2

　　a　アクチン　　　b　キネシン　　　c　チューブリン　　　d　ダイニン

　　① a, b　　② a, c　　③ a, d　　④ b, c
　　⑤ b, d　　⑥ c, d

問3　筋組織についての記述として**誤っているもの**を，次の①〜⑥の中から一つ選びなさい。　3

　　① 骨格筋は随意筋で，運動神経によって直接収縮反応を引きおこす。
　　② 心筋は不随意筋で，横紋筋からなる。
　　③ 心筋以外の内臓筋は不随意筋で，平滑筋からなる。
　　④ 骨格筋は多核の細胞からなり，疲労しやすい。
　　⑤ 平滑筋は単核の細胞からなり，疲労しにくい。
　　⑥ 心筋は多核の細胞からなり，疲労しにくい。

問4 すべての生物において，ATPと呼ばれる物質が代謝に伴うエネルギーの受け渡しを行っている。下図は，生物が行う代謝におけるエネルギーの受け渡しを模式的に示したものである。代謝に関する次の問い(1)，(2)に答えなさい。

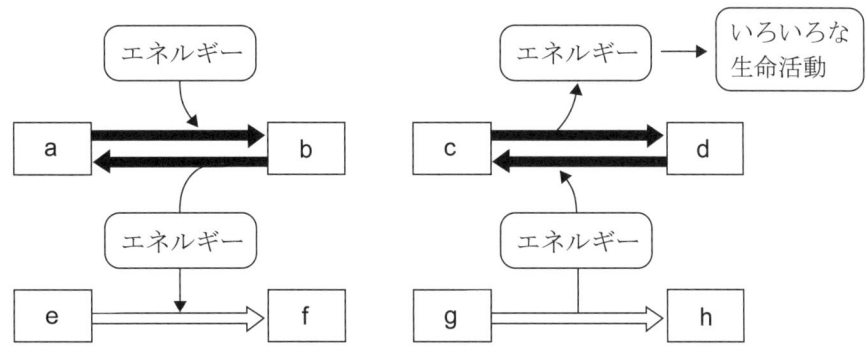

(1) 図中のa～dには，ATPかADPが入る。ATPが入る組み合わせとして正しいものを，次の①～④の中から一つ選びなさい。　4

①　a, c　　　②　a, d　　　③　b, c　　　④　b, d

(2) 図中のe～hには，二酸化炭素などの無機物か，炭水化物などの有機物が入る。無機物が入る組み合わせとして正しいものを，次の①～④の中から一つ選びなさい。　5

①　e, g　　　②　e, h　　　③　f, g　　　④　f, h

問5 DNAの複製にはいくつかの仮説があり，メセルソンとスタールは以下の実験をおこなうことでDNAの複製方式を明らかにした。

大腸菌を通常の窒素 ^{14}N よりも重い ^{15}N で置き換えた塩化アンモニウムを窒素源として用いた培地（^{15}N 培地）で，何世代も培養した。すると ^{14}N が完全に ^{15}N に置き換わったDNAをもつ大腸菌ができた。その大腸菌を ^{14}N 培地に移してさらに増殖させ，1回，2回と分裂を繰り返した菌からそれぞれDNAを抽出して，そこに含まれるDNAの質量の違いを分析した。DNAの質量の違いを分析するための測定をおこなったとき，下図に示すような結果が得られた。図中のAはもとの大腸菌（0代目）で，Bは2回分裂後の大腸菌（2代目）のDNA分析結果を示している。

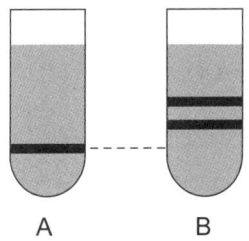

1代目の大腸菌から抽出したDNAの質量を分析した結果として最も適切なものを，次の①～⑦の中から一つ選びなさい。　6

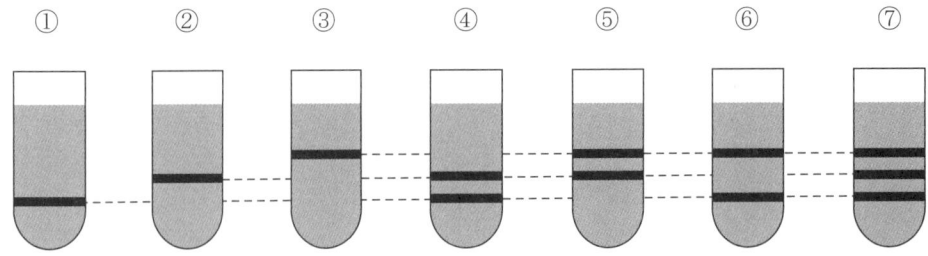

問6 健康なヒトの血糖量とインスリンを測定した結果として最も適切なものを，下の①～⑥の中から一つ選びなさい。ただし，図中の実線は左上の値で示した血糖濃度（mg/100mL）で，点線は右下の値で示したインスリン濃度相対値である。　7

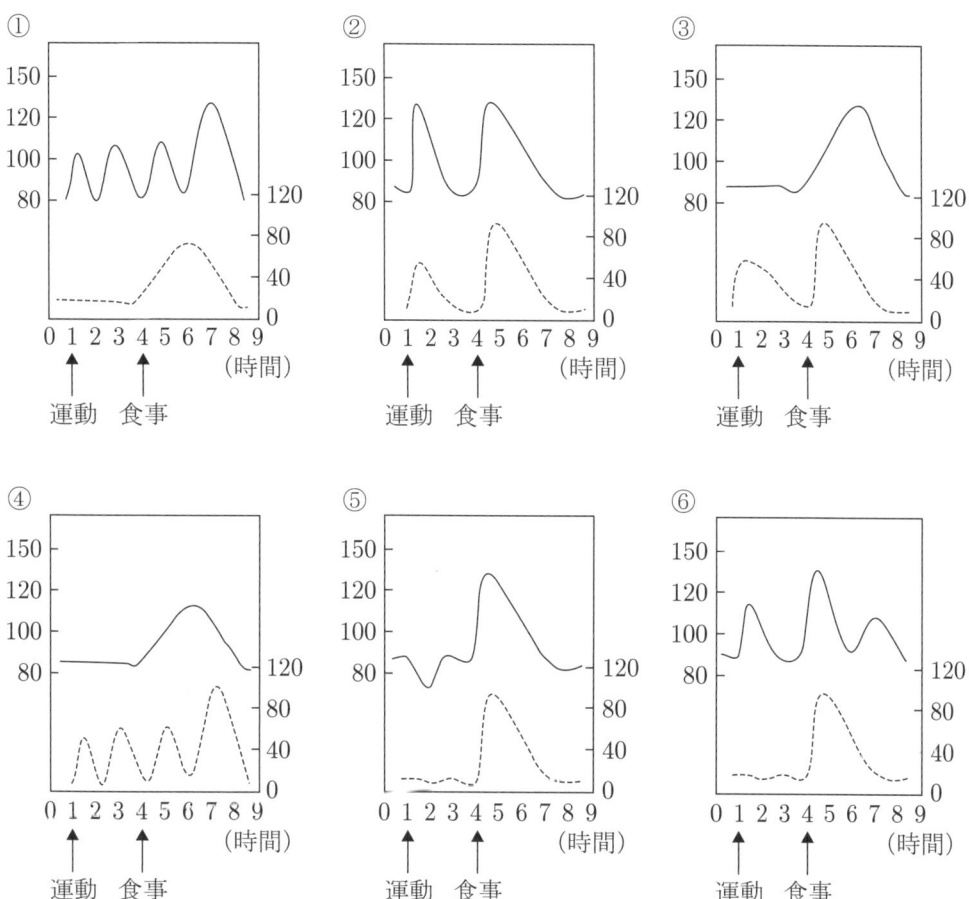

問7 ヒトの自律神経系について述べた文a～eのうち,正しいものの組み合わせを下の①～⑨の中から一つ選びなさい。　**8**

　a　脳下垂体は自律神経系の中枢である。
　b　自律神経を意識的にはたらかせることはできない。
　c　しつがい腱反射は,自律神経系のはたらきである。
　d　心臓の拍動を抑制する副交感神経は脊髄の胸髄の部分から出ている。
　e　副交感神経の節後繊維の末梢からアセチルコリンが分泌される。

　① a, b　　② a, c　　③ a, d　　④ a, e　　⑤ b, c
　⑥ b, d　　⑦ b, e　　⑧ c, d　　⑨ c, e

問8 学習の最も基本的な機能として慣れが知られている。慣れに関する記述として**誤っているもの**を,次の①～④の中から一つ選びなさい。　**9**

　① アメフラシが海水を取り入れる水管に対して,棒でつつくことを繰り返すと,しだいにえらの引っ込め反応が減衰する。
　② 外界からの刺激に対して,シナプスの伝達効率が低下し,結果として行動発現が減少する。
　③ 一度慣れが生じて,刺激による行動反応の減衰が起こると,元に戻らない。
　④ 慣れは学習機能の一つであるが,脳の中に記憶が形成,貯蔵されることは必須ではない。

問9　次の図に示すように，カエルの腹筋とそれにつながる神経を取り出し神経筋標本を作製した。筋肉と神経の接合部から60mm離れたa点を刺激すると7.5ms後に，40mm離れたb点を刺激すると6.7ms後に筋肉が収縮をはじめた。次の問い(1)，(2)に答えなさい。

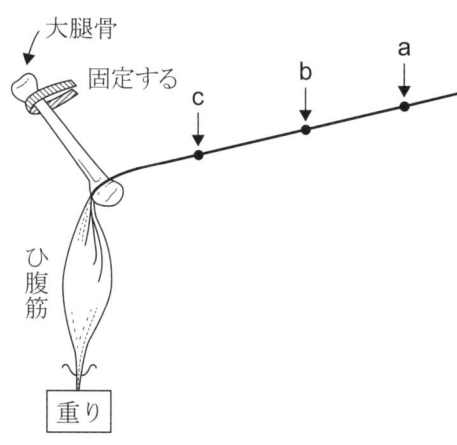

(1)　この神経の伝導速度(m/s)として最も適切な数値を，次の①～⑧の中から一つ選びなさい。　　　10　m/s

① 2.5　　② 5.0　　③ 12　　④ 25
⑤ 30　　⑥ 50　　⑦ 60　　⑧ 120

(2)　神経筋接合部から20mm離れたc点を刺激すると，何ms後に筋肉が収縮をはじめるか。最も適切な数値を次の①～⑧の中から一つ選びなさい。　　　11　ms

① 5.1　　② 5.3　　③ 5.5　　④ 5.7
⑤ 5.9　　⑥ 6.1　　⑦ 6.3　　⑧ 6.5

問10　下図はヒトの血管系を模式的に示したものである。図中の矢印は血管の走行を示している。下図に関する記述として正しいものを，下の①～⑤の中から一つ選びなさい。 12

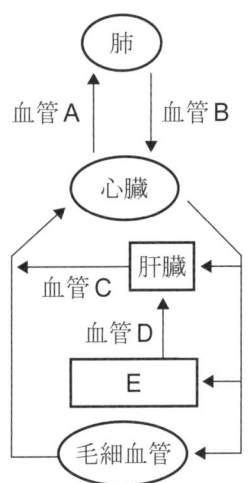

① 血管Aは肺動脈とよばれ，肺に向かう動脈血が流れる。

② 血管Aは右心室から心臓を出て，血管Bは左心房から心臓に入る。

③ 血管Bならびに血管C，血管Dには，静脈血が流れる。

④ 血管Dは肝門脈とよばれ，肝臓に向かう動脈血が流れる。

⑤ Eに入る器官として，腎臓や小腸があげられる。

問11 次のa～dの生理作用と植物ホルモンとの組み合わせとして，最も適当なものを下の①～⑨の中から，一つ選びなさい。 13

a 胚で合成され，胚乳の外側にある糊粉層の細胞内受容体と結合し，アミラーゼ遺伝子などの発現を誘導する。
b 植物細胞が成長するときに，細胞壁のセルロース繊維どうしのつながりなどを緩める。
c 植物が乾燥状態におかれると急速に合成され，孔辺細胞の浸透圧を低下させることで気孔を閉じ，体内からの水の減少を防ぐ。
d 成熟したリンゴから放出され，未成熟のバナナの成熟を促進する。

	a	b	c	d
①	オーキシン	ジベレリン	エチレン	アブシシン酸
②	オーキシン	オーキシン	ジベレリン	エチレン
③	オーキシン	アブシシン酸	サイトカイニン	エチレン
④	アブシシン酸	ジベレリン	オーキシン	サイトカイニン
⑤	アブシシン酸	オーキシン	ジベレリン	アブシシン酸
⑥	アブシシン酸	アブシシン酸	オーキシン	サイトカイニン
⑦	ジベレリン	ジベレリン	サイトカイニン	エチレン
⑧	ジベレリン	オーキシン	アブシシン酸	エチレン
⑨	ジベレリン	アブシシン酸	アブシシン酸	オーキシン

問12 細胞周期が15時間で分裂を繰り返している細胞集団に，分裂期の中期で分裂を停止させる薬剤を与えた。この細胞集団について，15時間後の各細胞あたりのDNA量（相対量）と細胞数の関係を表した図として最も適当なものを，次の①〜⑤の中から一つ選びなさい。ただし，細胞あたりのDNA量は，分裂直後のものを2とする。　14

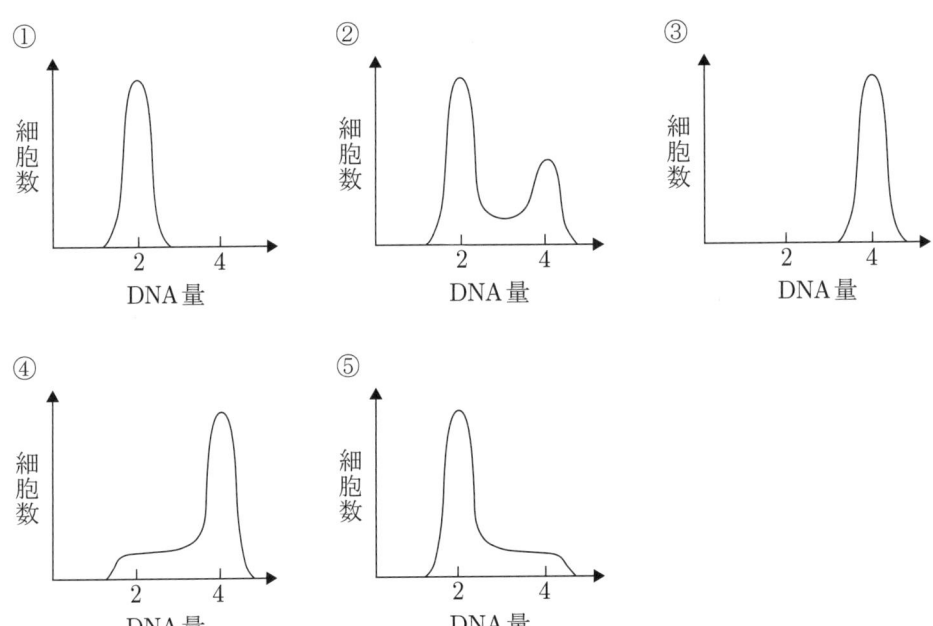

問13 カイコガのまゆの色には、黄色と白色がある。A は黄色を、a は白色を発現する遺伝子で、B は A のはたらきを抑制する遺伝子である。また、$A(a)$ と $B(b)$ は独立の関係にある。遺伝子型が $AAbb$ で黄色のまゆをつくるカイコガと、遺伝子型が $aaBB$ で白色のまゆをつくるカイコガを交配すると、F_1 はすべて白色となった。この F_1 どうしを交配すると、F_2 のまゆの色とその分離比として正しいものを、次の①～⑤の中から一つ選びなさい。

15

① 白色:黄色 = 9:7　　② 白色:黄色 = 13:3

③ 白色:黄色 = 15:1　　④ 白色:黄色 = 3:1

⑤ 白色:黄色 = 5:3

問14 生物とそれを取り巻く環境を一つのまとまりとしてとらえたものを，生態系という。それぞれの生物は生態系における役割のうえから生産者，消費者，分解者という3つの要素に分けられる。物質は，生態系の内部を循環しており，生態系における炭素の循環を模式的に示すと下図のようになる。図を参考に問い(1)，(2)に答えなさい。

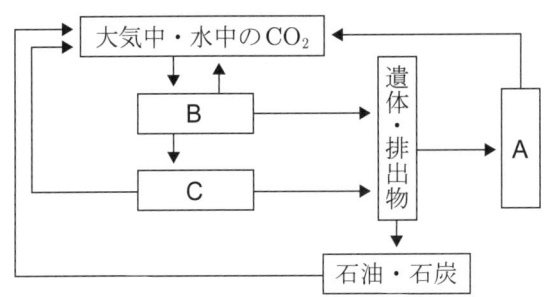

(1) 文中および図中の A ， B ， C に当てはまる語の組み合わせとして正しいものを，次の①〜⑥の中から一つ選びなさい。 16

	A	B	C
①	生産者	消費者	分解者
②	生産者	分解者	消費者
③	消費者	生産者	分解者
④	消費者	分解者	生産者
⑤	分解者	生産者	消費者
⑥	分解者	消費者	生産者

(2) A, B, Cに関する記述として最も適当なものを，次の①〜④の中から一つ選びなさい。 17

① AとBは，炭素の循環において直接結びついており，そのうち，Aは光エネルギーのみを利用し，Bは化学エネルギーのみを利用する。

② AとBは，炭素の循環において直接結びついており，そのうち，Bは光エネルギーのみを利用し，Aは化学エネルギーのみを利用する。

③ AとCは，どちらも有機物を取り入れて利用しているが，そのうち，Aには光エネルギーを利用するものもみられる。

④ AとCは，どちらも有機物を取り入れて利用しており，光エネルギーを利用することはない。

問15 生物の進化に関する記述として，**誤っているもの**を，次の①～⑤の中から一つ選びなさい。 18

① 生物が周りの風景や他の生物と異なった色や形になることを擬態という。
② 生物が2種間で生存や繁殖に影響を及ぼし合いながら進化する現象を共進化という。
③ 共通な祖先をもつ生物群が，さまざまな環境に適応した形態や機能をもつようになり，多くの種に分かれる現象を適応放散という。
④ 対立遺伝子間に自然選択がはたらかない場合であっても，単なる確率的な過程によって，集団の遺伝子プールの構成が，世代を経て変わることがある。このような遺伝子頻度の変化を遺伝的浮動という。
⑤ DNAの塩基配列やタンパク質のアミノ酸配列の変化など，分子にみられる変化を分子進化という。

生物の問題はこれで終わりです。解答欄の 19 ～ 75 はマークしないでください。
解答用紙の科目欄に「生物」が正しくマークしてあるか，もう一度確かめてください。

この問題冊子を持ち帰ることはできません。

第4回

実戦問題
解答時間 **35分**

正解と得点分布図確認

QRコードを読み取ってオンライン解答用紙に解答を記入し、正解と得点分布を確認してください。

生物

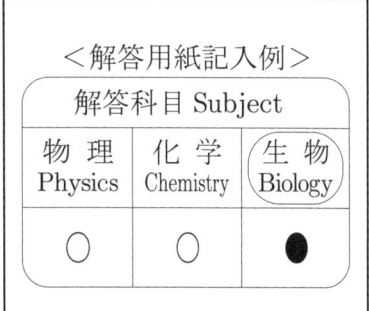

「解答科目」記入方法

解答科目には「物理」,「化学」,「生物」がありますので,この中から2科目を選んで解答してください。選んだ2科目のうち,<u>1科目を解答用紙の表面に解答し,もう1科目を裏面に解答してください。</u>

「生物」を解答する場合は,右のように,解答用紙にある「解答科目」の「生物」を○で囲み,その下のマーク欄をマークしてください。

<u>科目が正しくマークされていないと,採点されません。</u>

問1　RNAについて述べた文として正しいものを,次の①～④の中から一つ選びなさい。　1

① RNAはヌクレオシドがつながった構造をしている。
② mRNAにはDNAのすべての情報を写し取られる。
③ mRNAの異なるコドンでも,同じアミノ酸に翻訳されることがある。
④ タンパク質が合成されるときには,リボソームでアミノ酸がmRNAに結合する。

問2　細胞膜は特定の物質のみを選択的に透過させる。この性質は細胞膜に含まれるどの物質のはたらきによるものか。最も適当なものを次の①～⑥の中から一つ選びなさい。　2

① タンパク質　　　② RNA　　　③ DNA
④ グルコース　　　⑤ ステロイド　⑥ リン脂質

問3　下の図はイギリスの生化学者のヒルが行った実験である。次の問い(1), (2)に答えなさい。

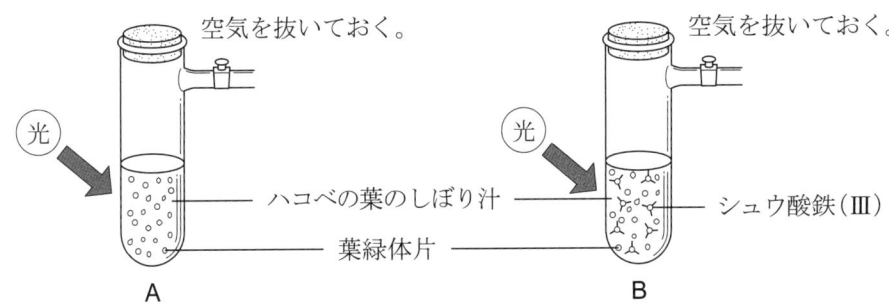

(1) A, Bの試験管で生じる結果として最も適切なものを，次の①〜⑤の中から一つ選びなさい。　3

① AでもBでも何も発生しない。
② Aでは酸素（O_2）は発生しないが，Bでは酸素が発生する。
③ Aでは酸素が発生するが，Bでは酸素は発生しない。
④ AでもBでも酸素が発生する。
⑤ AでもBでも水素が発生する。

(2) 実際の光合成において，シュウ酸鉄（Ⅲ）のような電子を受け取る物質は何か。最も適切なものを，次の①〜⑥の中から一つ選びなさい。　4

① ADP　　② ATP　　③ 二酸化炭素（CO_2）
④ 水素イオン（H^+）　⑤ NAD^+　⑥ $NADP^+$

問4 下の図は陽生植物と陰生植物それぞれの葉面積あたりの光の強さに対する二酸化炭素の吸収速度の変化を示している。陽生植物よりも陰生植物のほうが生育に適している領域はどれか。最も適切なものを下の①〜⑦の中から一つ選びなさい。　5

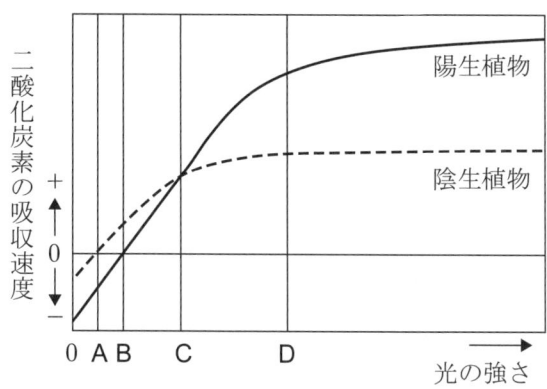

① A以上D以下　② A以上C以下　③ A以上B以下　④ A以上
⑤ B以上　⑥ C以上　⑦ D以上

問5 ヒトの神経反射に関する次の問い(1), (2)に答えなさい。

(1) ヒトの膝のすぐ下をゴム製のハンマーで叩くと, 足が上がる反射（しつがい腱反射）が起こる。次の図はこの反射が起こる時, 興奮が伝わる経路を示したものである。図の中の空欄 A ～ C に当てはまる語句と伝達方向の正しい組み合わせを, 下の①～⑧の中から一つ選びなさい。　6

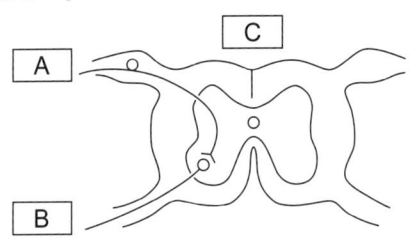

	A	B	C	伝達方向
①	受容器	効果器	背根	背根→腹根
②	受容器	効果器	背根	腹根→背根
③	受容器	効果器	腹根	背根→腹根
④	受容器	効果器	腹根	腹根→背根
⑤	効果器	受容器	背根	背根→腹根
⑥	効果器	受容器	背根	腹根→背根
⑦	効果器	受容器	腹根	背根→腹根
⑧	効果器	受容器	腹根	腹根→背根

(2) しつがい腱反射と屈筋反射について述べた文として最も適切なものを, 次の①～④の中から一つ選びなさい。　7

① しつがい腱反射は脊髄に中枢があり, 屈筋反射は延髄に中枢がある。
② いずれの反射にも特有の反射弓が存在し, いずれもその一部は脊髄の灰白質を通っている。
③ しつがい腱反射における筋肉中の受容器は, 筋原繊維である。
④ 屈筋反射においては, 刺激が受容器から感覚神経に伝わるが, しつがい腱反射では, はじめに刺激は介在神経に伝えられる。

問6　ウニの胞胚期の胚断面図として最も適当なものを，次の①～④の中から一つ選びなさい。

8

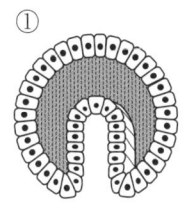
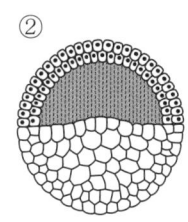
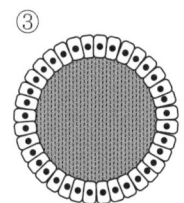
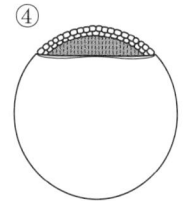

問7　古典的条件付けの例として最も適切なものを，次の①～⑤の中から一つ選びなさい。

9

① ヒトがレモンや梅干しなどの酸っぱいものを見たら，唾液が出てきた。
② ニワトリやカモのひながふ化後に最初に動くものの後追いをするようになった。
③ サケが海で成長した後，生まれた川に戻ってきて，産卵した。
④ ミツバチが花の場所を覚え，巣でダンスをして，花の場所を仲間に伝えた。
⑤ 夜間に電灯をつけたら，カやハエが集まってきた。

問8　免疫応答と病気や治療の関係について述べた文として正しいものを，次の①〜④の中から一つ選びなさい。　10

① 外部から体内に侵入する無数の抗原に対し，それと結合できる抗体が存在するのは，一つの抗体の可変部が，複数の抗原に応じ自在にその形を変えるからである。

② エイズに感染すると，その他のウイルスや細菌などにも感染しやすくなるのは，エイズウイルスがB細胞を破壊するため免疫能力が低下してしまうからである。

③ 血清療法はワクチンとは違い，一時的に有効で，免疫力は持続しない。

④ 血清療法に用いる血清は，血液から血球成分を遠心分離により取り除いた残りの部分である。

問9 ヒトはビタミンAが不足すると，暗いところで物が見えにくくなるという夜盲症が起こる。夜盲症患者の暗順応曲線として最も適当なものを，次の①～⑤の中から一つ選びなさい。ただし，図中の点線は健常者の暗順応曲線である。　11

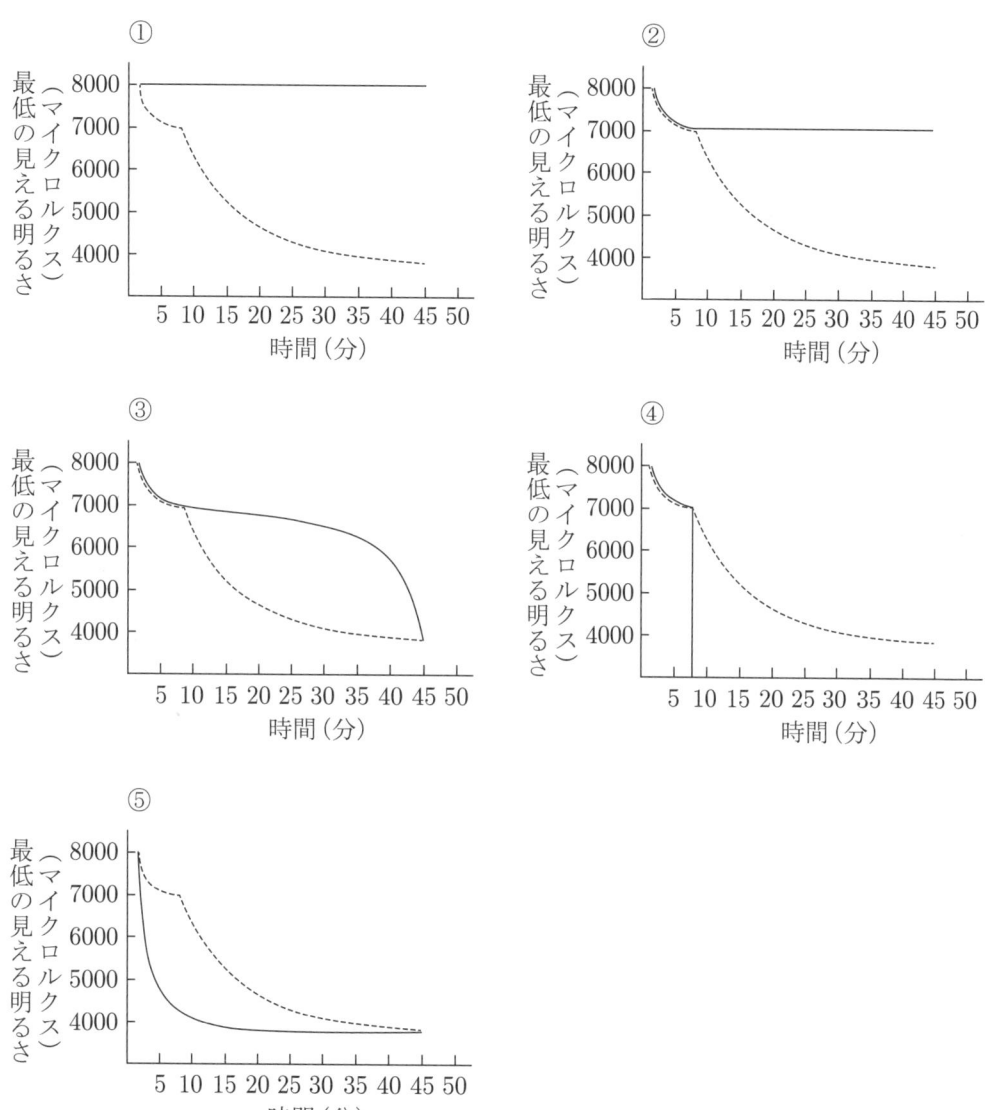

第4回 実戦問題

問10 被子植物の花粉母細胞から花粉四分子が形成される過程について述べた文として、最も適当なものを、次の①～⑨の中から一つ選びなさい。　12

① 花粉母細胞($2n$)が減数分裂し、花粉四分子(n)となる。
② 花粉母細胞($2n$)が核分裂し、花粉四分子(n)となる。
③ 花粉母細胞($2n$)が体細胞分裂し、花粉四分子(n)となる。
④ 花粉母細胞($2n$)が減数分裂し、花粉四分子($2n$)となる。
⑤ 花粉母細胞($2n$)が核分裂し、花粉四分子($2n$)となる。
⑥ 花粉母細胞($2n$)が体細胞分裂し、花粉四分子($2n$)となる。
⑦ 花粉母細胞(n)が減数分裂し、花粉四分子(n)となる。
⑧ 花粉母細胞(n)が核分裂し、花粉四分子(n)となる。
⑨ 花粉母細胞(n)が体細胞分裂し、花粉四分子(n)となる。

問11 連鎖している3つの遺伝子 X, Y, Z の組換え価は、XY 間で18%、XZ 間で12%、YZ 間で6%であった。Y および Z の遺伝子が図中の位置にあるとき、X 遺伝子の染色体上における相対的な位置として、最も適切な位置を図中の①～⑨の中から一つ選びなさい。ただし、図の1目盛りは1%を表すものとする。　13

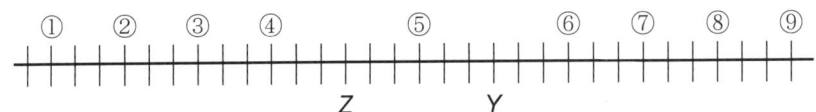

問12 バイオテクノロジーについて述べた文として誤っているものを，次の①〜⑤の中から一つ選びなさい。　14

① 制限酵素は特異的に DNA を切断する。
② リガーゼは DNA を連結する。
③ プラスミドは，小形で環状の DNA である。プラスミドに目的の遺伝子を組み込み，それを大腸菌内に取り込ませることができる。
④ 同じ遺伝情報をもった個体をクローンという。核移植を行えば，人為的にほ乳類のクローンを作成することができる。
⑤ 異なる 2 個の細胞を合体させる技術を遺伝子組換えという。遺伝子組換えにより有用な形質を併せもつ細胞がつくられ，医学などに応用されている。

問13 重金属や DDT などが生物濃縮されやすい理由として正しいものを，次の①〜④の中から一つ選びなさい。　15

① 生体内に入るとすぐに分解されるから。
② 分解されにくい脂肪に蓄積するから。
③ 水溶性で体内に吸収されやすいから。
④ 生体に元から存在する物質と類似した構造をもつから。

第4回 実戦問題

問14 年降水量が十分にあり森林が成立する地域では，年平均気温ではなく，暖かさの指数の方が実際の分布によく対応していることがある。暖かさの指数とバイオームの対応関係は表1のようになる。表2は，X～Zの3地域の月平均気温のデータを示したものである。表を参考にしながら，次の問(1)，(2)に答えなさい。なお，暖かさの指数は，月平均気温から5℃を引いた値を合計した値である。

表1　暖かさの指数とバイオーム

暖かさの指数	15～45	45～85	85～180	180～240	240～
バイオーム	針葉樹林	夏緑樹林	照葉樹林	亜熱帯多雨林	熱帯多雨林

表2　X～Zの3地域の月平均気温（℃）

月	1	2	3	4	5	6	7	8	9	10	11	12
X	16	16	18	21	24	26	28	28	27	24	21	18
Y	4	5	9	15	18	22	26	27	24	18	11	5
Z	−5	−4	0	6	12	16	20	21	17	11	4	−2

(1) 地域Xと地域Yには，それぞれどのバイオームが成立しているか。正しい組み合わせを下の①～⑧の中から一つ選びなさい。　16

	地域X	地域Y
①	亜熱帯多雨林	夏緑樹林
②	熱帯多雨林	夏緑樹林
③	亜熱帯多雨林	照葉樹林
④	熱帯多雨林	照葉樹林
⑤	亜熱帯多雨林	亜熱帯多雨林
⑥	熱帯多雨林	亜熱帯多雨林
⑦	亜熱帯多雨林	熱帯多雨林
⑧	熱帯多雨林	熱帯多雨林

(2) 現在，地球温暖化が危惧されている。地球温暖化によって，仮に1月～12月の月平均気温がすべて2℃ずつ上昇したとすると，地域Zに成立するバイオームはどのように変化するか。予想される変化として最も適当なものを，次の①～⑤の中から一つ選びなさい。 17

① 針葉樹林から夏緑樹林になる。
② 夏緑樹林から照葉樹林になる。
③ 照葉樹林から亜熱帯多雨林になる。
④ 亜熱帯多雨林から熱帯多雨林になる。
⑤ バイオームは変化しない。

問15 軟体動物と同じように，原口がそのまま成体の口になる旧口動物を，次の①～⑥の中から一つ選びなさい。 18

① 海綿動物　　② 刺胞動物　　③ 節足動物
④ 棘皮動物　　⑤ 原索動物　　⑥ 無顎動物

生物の問題はこれで終わりです。解答欄の 19 ～ 75 はマークしないでください。
解答用紙の科目欄に「生物」が正しくマークしてあるか，もう一度確かめてください。

この問題冊子を持ち帰ることはできません。

第5回

実戦問題
解答時間 35分

正解と得点分布図確認

QRコードを読み取ってオンライン解答用紙に解答を記入し、正解と得点分布を確認してください。

生物

「解答科目」記入方法

解答科目には「物理」,「化学」,「生物」がありますので,この中から2科目を選んで解答してください。選んだ2科目のうち,1科目を解答用紙の表面に解答し,もう1科目を裏面に解答してください。

「生物」を解答する場合は,右のように,解答用紙にある「解答科目」の「生物」を○で囲み,その下のマーク欄をマークしてください。

科目が正しくマークされていないと,採点されません。

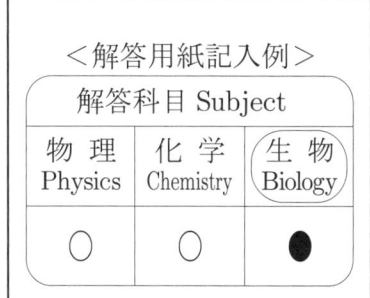

問1 コハク酸脱水素酵素,制限酵素,アミラーゼ,トロンビン,それぞれが酵素としてはたらく反応は,a〜eの中のどれか。正しい組み合わせを,下の①〜⑥の中から一つ選びなさい。 1

a デンプン分解反応　　　b タンパク質分解反応　　　c 脂肪分解反応
d 酸化還元反応　　　　　e DNA切断反応

	コハク酸脱水素酵素	制限酵素	アミラーゼ	トロンビン
①	d	e	a	b
②	d	e	a	c
③	d	e	b	c
④	e	d	a	b
⑤	e	d	a	c
⑥	e	e	b	c

問2 葉緑体について述べた文として最も適切なものを，次の①〜⑤の中から一つ選びなさい。

[2]

① 20 nm 程度のだるま形の粒子で小胞体に付着している。

② 1枚の膜からなる扁平な袋が重なった構造をしている。

③ 2枚の膜に包まれ，内部にチラコイドとよばれる扁平な袋状の構造がある。

④ 細胞質中に広がる扁平な膜構造でリボソームが付着している。

⑤ 内外2枚の膜構造をもち，内膜はクリステを形成している。

問3　動物のからだでは，同じような形やはたらきをもった細胞が集まって組織を形成している。上皮組織では細胞どうしの接着に細胞膜の数種類のタンパク質が関わっている。下図は上皮細胞の細胞接着のしくみを模式的に示したものである。次の問い(1),(2)に答えなさい。

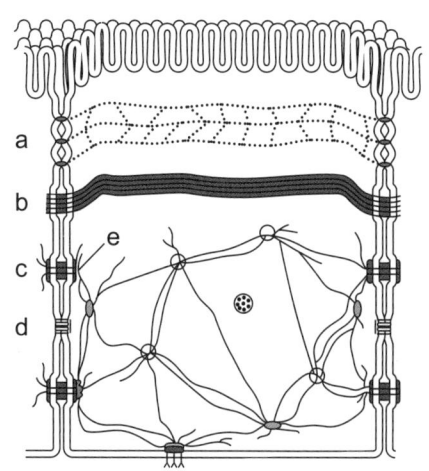

(1) 図中のa～dに入る細胞接着の名称の組み合わせとして最も適切なものを，次の①～⑨の中から一つ選びなさい。　3

	a	b	c	d
①	接着結合	ギャップ結合	密着結合	デスモソーム
②	接着結合	ギャップ結合	ヘミデスモソーム	密着結合
③	接着結合	密着結合	ギャップ結合	デスモソーム
④	接着結合	密着結合	デスモソーム	ギャップ結合
⑤	密着結合	ヘミデスモソーム	接着結合	デスモソーム
⑥	密着結合	ヘミデスモソーム	デスモソーム	接着結合
⑦	密着結合	接着結合	デスモソーム	ギャップ結合
⑧	密着結合	接着結合	デスモソーム	ヘミデスモソーム
⑨	密着結合	接着結合	ギャップ結合	ヘミデスモソーム

(2) 図中のcが細胞質にある繊維eに結合している。この繊維eを構成するタンパク質として最も適当なものを，次の①～⑨の中から一つ選びなさい。　4

① アクチン　② ミオシン　③ カテニン　④ ラミニン　⑤ カドヘリン
⑥ インテグリン　⑦ フィブロネクチン　⑧ チューブリン　⑨ ケラチン

問4 生物は有機物を分解し,細胞内で生命活動に必要なエネルギーを獲得している。例えば,グルコースからエネルギーを取り出す反応には好気呼吸と発酵がある。下図は,好気呼吸の3つの過程について模式的に示したものである。次の問い(1),(2)に答えなさい。

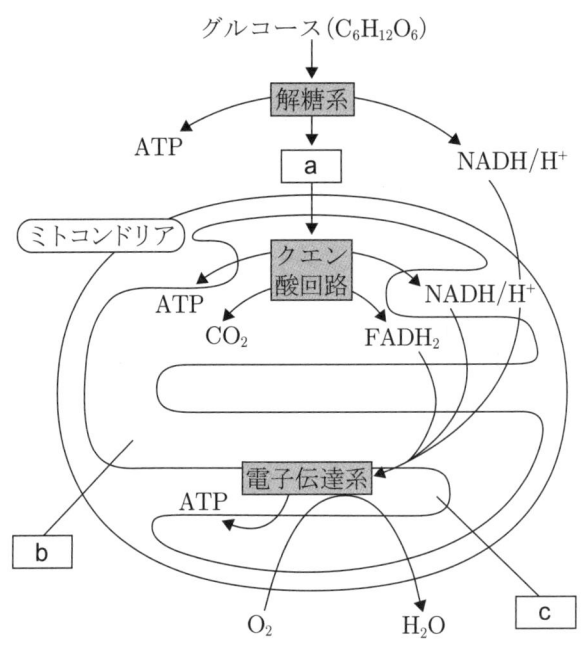

(1) 図中の a ～ c に当てはまる語句の組み合わせとして最も適当なものを,下の①～⑧の中から一つ選びなさい。　5

	a	b	c
①	クエン酸	ストロマ	グラナ
②	クエン酸	ストロマ	クリステ
③	クエン酸	マトリックス	グラナ
④	クエン酸	マトリックス	クリステ
⑤	ピルビン酸	ストロマ	グラナ
⑥	ピルビン酸	ストロマ	クリステ
⑦	ピルビン酸	マトリックス	グラナ
⑧	ピルビン酸	マトリックス	クリステ

(2) 1分子のグルコースから，解糖系・クエン酸回路・電子伝達系の各段階で最終的に生じるATPの分子数の最大値の組み合わせとして最も適当なものを，下の①〜⑥の中から一つ選びなさい。 6

	解糖系	クエン酸回路	電子伝達系
①	1	1	36
②	1	2	36
③	2	1	34
④	2	2	34
⑤	2	4	30
⑥	4	2	30

問5 リンパB細胞について述べた文として**誤っているもの**を，次の①〜⑤の中から一つ選びなさい。 7

① 骨髄でつくられる。
② 細胞表面で抗原を識別する。
③ 形質細胞になるものがある。
④ 二次応答に関与するものがある。
⑤ 拒絶反応に関与するものがある。

第5回　実戦問題

問6　植物は光周性によって長日植物，短日植物，中性植物に分けられる。次の文は，植物の光周性について述べたものである。文中の空欄 a ～ c に当てはまる語句の正しい組み合わせを，下の①～⑧の中から一つ選びなさい。　**8**

　　アサガオやキクなどの短日植物は，限界暗期よりも a 暗期が与えられる条件下で花芽が形成される。また，この暗期の間に一時的に光を照射し，その前後の暗期が限界暗期よりも b 場合，花芽は形成されない。こうした効果をもつ光処理を c とよばれる。

	a	b	c
①	長い	長い	短日処理
②	長い	長い	光中断
③	長い	短い	短日処理
④	長い	短い	光中断
⑤	短い	長い	短日処理
⑥	短い	長い	光中断
⑦	短い	短い	短日処理
⑧	短い	短い	光中断

問7 下図は一般的なPCRの反応過程を示したものである。図中の過程Ⅰ〜Ⅲの説明a〜fとして最も適切なものの組み合わせを，下の①〜⑧の中から一つ選びなさい。 9

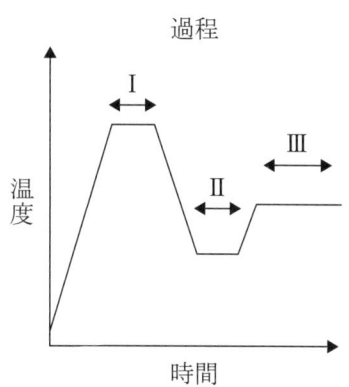

a プライマーと鋳型DNAが2本鎖を形成する。
b 耐熱性のリボソームがPCRに必要な酵素を翻訳する。
c 鋳型DNAのリボソームがPCRに必要な酵素を翻訳する。
d プライマー合成酵素がDNAポリメラーゼの足場をつくる。
e 耐熱性のDNAポリメラーゼがヌクレオチドを連結する。
f 水素結合を切って1本鎖のDNAにする。

	過程Ⅰ	過程Ⅱ	過程Ⅲ
①	f	a	e
②	f	b	c
③	f	d	e
④	f	b	a
⑤	b	a	d
⑥	b	f	c
⑦	b	d	e
⑧	b	f	a

第5回　実戦問題

問8　下の表はヒトの静脈に，ヒトの体内では利用も合成もされないイヌリンを注射し，1時間後の血しょう，原尿，尿に含まれる成分とその量を示したものである。次の問い(1)，(2)に答えなさい。ただし，1時間の尿量を100mLとする。

	血しょう (g/100mL)	原尿 (g/100mL)	尿 (g/100mL)
ナトリウムイオン（Na^+）	0.3	0.3	0.34
カリウムイオン（K^+）	0.02	0.02	0.15
カルシウムイオン（Ca^{2+}）	0.008	0.008	0.014
尿素	0.03	0.03	2
イヌリン	0.1	0.1	12

(1) イヌリンに次いで濃縮率の高いものを，次の①〜④の中から一つ選びなさい。　**10**

　① ナトリウムイオン　② カリウムイオン　③ カルシウムイオン　④ 尿素

(2) 1日に再吸収された尿素は何gか。最も近い数値を，次の①〜⑧の中から一つ選びなさい。　**11** g

　① 22　　　② 26　　　③ 30　　　④ 34
　⑤ 38　　　⑥ 42　　　⑦ 46　　　⑧ 50

問9　血糖値が高くなりすぎると，それが刺激となってフィードバックによって血糖値が下がる。この調節機構について述べた文として正しいものを，次の①～⑥の中から一つ選びなさい。　12

① 血糖値が上昇すると，間脳の視床下部がこれを認知する。
② 視床下部は，副交感神経の一種である迷走神経を介して副腎のランゲルハンス島のA細胞に刺激する。
③ 視床下部からの刺激とは別に高血糖状態であることが，直接副腎のランゲルハンス島のA細胞に刺激を与える。
④ ランゲルハンス島のA細胞から血液中にアドレナリンが分泌される。
⑤ アドレナリンは，肝臓や脳に作用し，血中からグルコースを取り込み，血糖値を低下させる。
⑥ アドレナリンは肝臓や筋肉でのグルコースからのグリコーゲン合成や，グルコースの消費を高める。

問10　ヒトにおいて，卵割と通常の体細胞分裂の共通点として最も適当なものを，次の①～⑤の中から一つ選びなさい。　13

① 娘細胞の大きさは，母細胞と同じになる。
② 母細胞と娘細胞の核は同じである。
③ 分裂前に二価染色体が形成される。
④ 分裂した直後にRNA合成が開始される。
⑤ 細胞周期の長さは，卵割でも体細胞分裂でも同じである。

問11 ある人口が 10000 人からなる集団において，ABO 式の血液型について調査を行った。この集団では，遺伝子 A，B，O の頻度はそれぞれ 0.3，0.1，0.6 であった。この集団において血液型が A 型の人口として最も適当な数値を，次の①～⑥の中から一つ選びなさい。　14

① 900　　② 1800　　③ 2700
④ 3600　　⑤ 4500　　⑥ 5400

問12 反射弓の経路を<u>経ない反応</u>を，次の①～⑤の中から一つ選びなさい。　15

① 熱いものに触ると瞬間的に手を引っ込めた。
② 日が射してきたら，急に汗がでてきた。
③ 梅干しをみたら，唾液がでてきた。
④ ひざ関節のすぐ下を軽くたたくと，思わず足が跳ね上がった。
⑤ 目にゴミが入ると，涙が出てきた。

問13 窒素（N）は生物に不可欠な元素の一つである。次の文は，生態系における窒素の循環について述べたものである。文中の空欄 a ～ d に当てはまる語句の正しい組み合わせを，下の①～⑨の中から一つ選びなさい。 16

植物は土壌中のアンモニウムイオン（NH_4^+）や硝酸イオン（NO_3^-）などの無機窒素化合物を根から吸収してアミノ酸を合成し，このアミノ酸から，タンパク質や核酸のほか，エネルギー代謝に必要な a や，光合成に必要な色素である b などを合成する。また，大気中の窒素をそのまま吸収して窒素栄養として利用できる生物は少ないが，マメ科植物と共生して c を行う d のはたらきによって窒素を間接的に利用するような植物も存在する。

	a	b	c	d
①	炭水化物	ストロマ	窒素固定	シアノバクテリア
②	炭水化物	ストロマ	窒素同化	根粒菌
③	炭水化物	クロロフィル	窒素固定	根粒菌
④	脂質	クロロフィル	窒素同化	シアノバクテリア
⑤	脂質	クロロフィル	窒素固定	根粒菌
⑥	脂質	ストロマ	窒素同化	シアノバクテリア
⑦	ATP	ストロマ	窒素固定	シアノバクテリア
⑧	ATP	クロロフィル	窒素同化	シアノバクテリア
⑨	ATP	クロロフィル	窒素固定	根粒菌

問14 次の図は世界のバイオームの分布を示している。この図について述べた文として正しいものを，次の①～④の中から一つ選びなさい。17

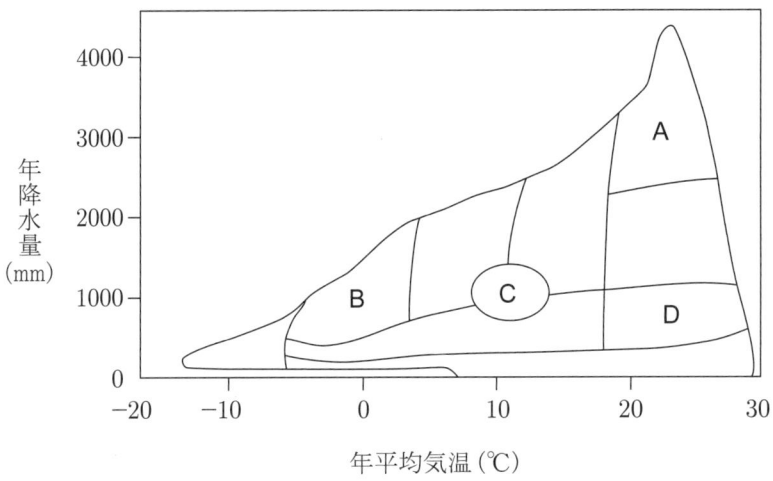

① Aでは照葉樹林のガジュマルが優占している。

② Bでは亜熱帯に分布され，多様性が優れている。

③ Cでは硬葉樹林のオリーブが多く見られる。

④ Dでは水の蒸散が防げる針葉樹林が代表的である。

問15 一次遷移の順に並べたものとして最も適当なものを，次の①〜⑧の中から一つ選びなさい。　18

① 陽樹林 → 陰樹林 → 地衣類 → 低木林
② 陽樹林 → 地衣類 → 低木林 → 陰樹林
③ 低木林 → 陽樹林 → 陰樹林 → 地衣類
④ 低木林 → 地衣類 → 陽樹林 → 陰樹林
⑤ 地衣類 → 低木林 → 陽樹林 → 陰樹林
⑥ 地衣類 → 陰樹林 → 低木林 → 陽樹林
⑦ 陰樹林 → 低木林 → 地衣類 → 陽樹林
⑧ 陰樹林 → 陽樹林 → 陰樹林 → 低木林

生物の問題はこれで終わりです。解答欄の　19　〜　75　はマークしないでください。
解答用紙の科目欄に「生物」が正しくマークしてあるか，もう一度確かめてください。

この問題冊子を持ち帰ることはできません。

第**6**回

実戦問題
解答時間 **35**分

正解と得点分布図確認

QRコードを読み取ってオンライン解答用紙に解答を記入し、正解と得点分布を確認してください。

生物

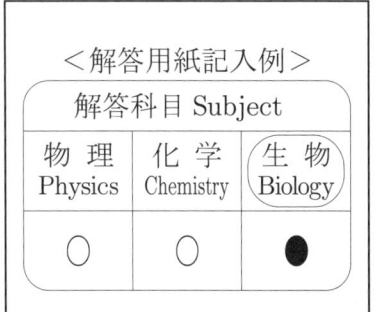

問1 アクアポリンについて述べた文として**誤っているもの**を，次の①〜④の中から一つ選びなさい。　1

① 拡散によって水を輸送する。
② 生体膜を貫通するタンパク質を介して水を輸送する。
③ ATPのエネルギーを使わずに水を輸送する。
④ チャネルの一種であり，濃度勾配に従わずに水を輸送する。

第6回　実戦問題

問2　細胞の構造について述べた文として**誤っているもの**を，次の①〜⑤の中から一つ選びなさい。　　2

① 葉緑体は色素体の一種である。
② 中心体は，細胞分裂時に紡錘体形成の起点となる。
③ 液胞には，果実の酸味や甘味を担う物質が含まれる。
④ 細胞膜の基本的な構造は，細胞小器官の膜と同じである。
⑤ ミトコンドリアの外膜はひだ状に外部に突き出している。

問3　転写を行う酵素について述べた文として最も適当なものを，次の①〜④の中から一つ選びなさい。　　3

① RNAを鋳型にしてDNAを合成することも可能である。
② 転写に必要なヌクレオチドは複製に必要なものと同じである。
③ 5′末端から3′末端，3′末端から5′末端とどちらの方向にもヌクレオチドをつなぐことができる。
④ DNAの一部の塩基配列の情報を鋳型に使う。

問4 次の図はニワトリ，ウニ，アフリカツメガエルの卵の8細胞期の状態を示している。それぞれの卵がどの動物のものであるかを判断し，卵が大きい順に並べたものとして正しいものを，次の①～⑥の中から一つ選びなさい。　4

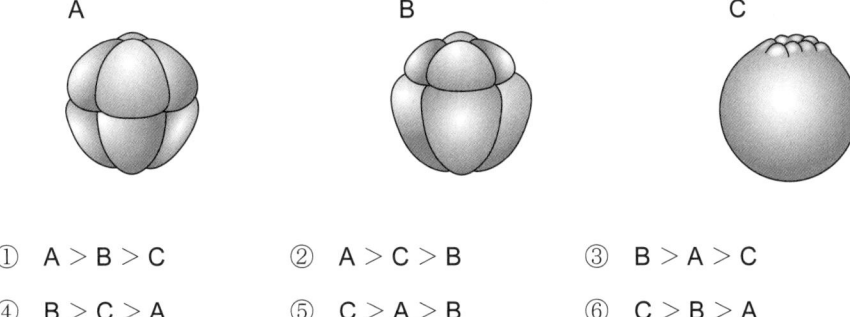

① A＞B＞C　　　② A＞C＞B　　　③ B＞A＞C
④ B＞C＞A　　　⑤ C＞A＞B　　　⑥ C＞B＞A

問5 好気呼吸について述べた文として最も適当なものを，次の①～⑤の中から一つ選びなさい。　5

① 有機物と二酸化炭素（CO_2）と水の反応によって，酸素（O_2）と水とエネルギーが獲得される。
② 水と有機物との反応によって，二酸化炭素と尿素とエネルギーが獲得される。
③ 有機物と酸素と水の反応によって，二酸化炭素と水とエネルギーが獲得される。
④ 有機物と水素と水の反応によって，水と酸素とエネルギーが獲得される。
⑤ 有機物と酸素と水の反応によって，水と二酸化炭素とアンモニアに代謝され，エネルギーが獲得される。

問6 次の図は，ヒトの骨格筋の構造を模式的に示したものである。骨格筋について述べた文として正しいものを，次の①～⑥の中から一つ選びなさい。 6

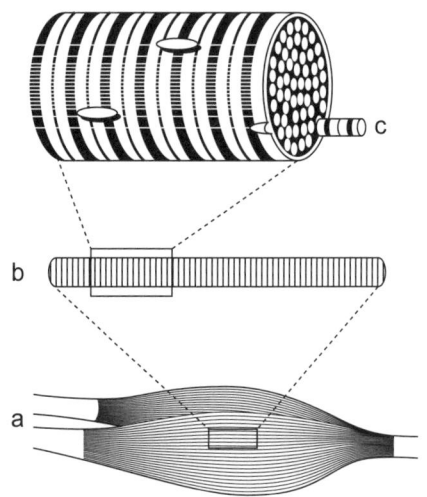

① aは骨格筋であり，骨格筋は一つの細胞である。
② aは筋繊維であり，筋繊維は一つの細胞である。
③ bは筋繊維の一部であり，筋繊維は一つの細胞である。
④ bは筋原繊維の一部であり，筋原繊維は一つの細胞である。
⑤ cは筋繊維の一部であり，筋繊維は一つの細胞である。
⑥ cは筋原繊維の一部であり，筋原繊維は一つの細胞である。

問7 肺循環の経路として正しいものを，次の①〜⑥の中から一つ選びなさい。

① 右心室 → 肺静脈 → 肺 → 肺動脈 → 左心房

② 左心室 → 肺静脈 → 肺 → 肺動脈 → 右心房

③ 右心房 → 肺静脈 → 肺 → 肺動脈 → 左心室

④ 左心室 → 肺動脈 → 肺 → 肺静脈 → 右心房

⑤ 右心室 → 肺動脈 → 肺 → 肺静脈 → 左心房

⑥ 左心房 → 肺動脈 → 肺 → 肺静脈 → 右心室

問8 次の図は，二酸化炭素濃度が低いときのヒトのヘモグロビンの酸素解離曲線を示したものである。ヘモグロビンのはたらきと酸素濃度の関係について述べた文として最も適当なものを，下の①〜⑤の中から一つ選びなさい。ただし，肺胞中の酸素濃度を100とする。

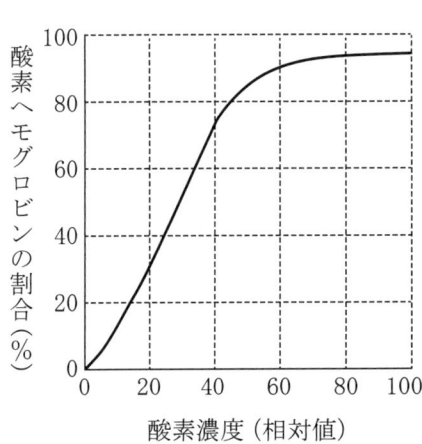

① 肺胞中では，すべてのヘモグロビンが酸素ヘモグロビンの状態で存在する。

② 酸素濃度が40のとき，全ヘモグロビンのうちの半数以上が酸素を放出する。

③ 酸素濃度を40から20に変化させると，酸素と結合していたヘモグロビンの半数以上が酸素を放出する。

④ 二酸化炭素濃度を高くして同様に酸素解離曲線を描くと，酸素濃度が100のときの酸素ヘモグロビンの割合が一番大きく低下する。

⑤ 二酸化炭素濃度を高くして同様に酸素解離曲線を描くと，酸素濃度が20のときの酸素ヘモグロビンの割合が一番大きく上昇する。

問9 マカラスムギの芽生えの成長における植物ホルモンのはたらきについて述べた文として正しいものを，次の①～⑤の中から一つ選びなさい。 9

① 暗所で芽生えを横向きに置いておくと，茎は上方に屈曲する。この性質は正の重力屈性とよばれ，芽生えの先端で合成されたサイトカイニンの作用によるものである。

② ジベレリンを芽生えに与えたときと，与えないときを比較すると，ジベレリンを与えたときのほうが茎は太く丈夫に成長する。

③ 芽生えの先端を切り取ると，側芽の成長は抑制される。これを頂芽優勢とよぶ。

④ 芽生えに片側から光を当て続けると，茎は光の方向に屈曲する。この現象は，芽生えの成長部分におけるオーキシンの濃度の違いで説明される。

⑤ 根の先端で合成されたアブシシン酸が根の成長を促進するが，根における最適濃度が低いため，アブシシン酸の濃度が増加すると根の成長は抑制される。

問10 発達した動物では，抗原が体内に侵入するのを防いだり，体内に侵入した抗原を効率的に排除するしくみが備わっており，これを免疫という。免疫のしくみについて下の図に示している。この図を参考にして，次の問い(1)，(2)に答えなさい。

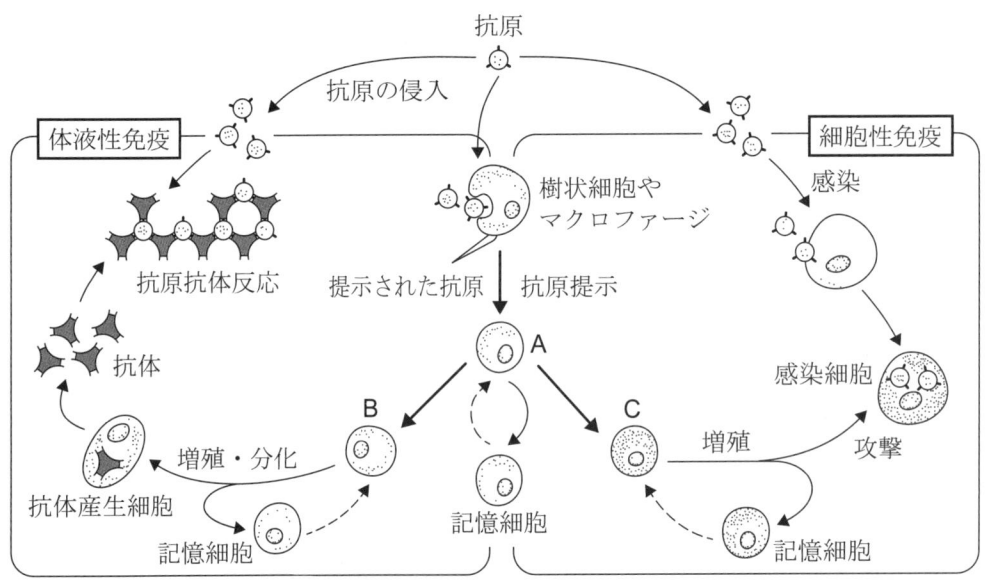

(1) 図の中のA～Cに当てはまる語句の組み合わせとして正しいものを，次の①～⑥の中から一つ選びなさい。 10

	A	B	C
①	ヘルパーT細胞	B細胞	キラーT細胞
②	ヘルパーT細胞	キラーT細胞	B細胞
③	キラーT細胞	B細胞	ヘルパーT細胞
④	キラーT細胞	ヘルパーT細胞	B細胞
⑤	B細胞	ヘルパーT細胞	キラーT細胞
⑥	B細胞	キラーT細胞	ヘルパーT細胞

(2) 免疫応答と病気や治療の関係について述べた文として**誤っているもの**を，次の①〜⑤の中から一つ選びなさい。　　11

① スギ花粉症はアレルギーの一種である。
② ヒト免疫不全ウイルスはT細胞に感染する。
③ 毒ヘビにかまれた場合にはワクチンの注射によりヘビ毒を体内から取り除く治療法は有効である。
④ 血液型の分類には抗原抗体反応が用いられる。
⑤ 臓器移植における拒絶反応には細胞性免疫が関与する。

問11 インスリンと肝臓などの臓器の関係について述べた文として正しいものを，次の①〜④の中から一つ選びなさい。　　12

① インスリンは肝臓にはたらいてグリコーゲンからグルコースへの分解を促進する。
② インスリンは肝臓や筋でのグルコースの生成を促進する。
③ インスリンは肝臓や筋肉でのグリコーゲンの合成を促進する。
④ インスリンは肝臓においてタンパク質の分解を促進する。

問12 PCR法では試験管内でDNAの特定の塩基配列を大量に増幅することができる。下の図はDNAのAからBの塩基配列がPCRにより複製される様子を示している。図中の記号は，A，BはDNAのそれぞれの鎖，a，bは複製したい塩基配列の両端，P_1，P_2はプライマー，A′はAを鋳型として合成されたDNA，B′はBを鋳型として合成されたDNA，矢印は合成された方向である。次の問い(1)，(2)に答えなさい。

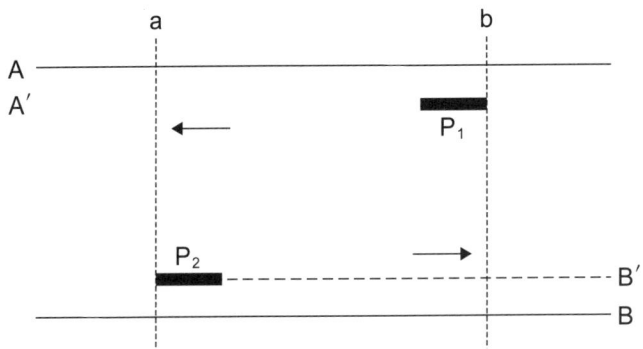

(1) サイクル数（nとする）とaからbの塩基配列を含む二本鎖DNAの数とはどのような関係になるか。正しいものを次の①〜⑤の中から一つ選びなさい。　13

① 2^{n-1}　　② 2^{n+1}　　③ 2^n　　④ $1+2^n$　　⑤ $2n$

(2) aからbの塩基配列のみからなる二本鎖DNAが得られるのは何サイクル目か。正しいものを次の①〜⑤の中から一つ選びなさい。　14

① 1　　② 2　　③ 3　　④ 4　　⑤ 5

問13　ヒトのX染色体には色識別遺伝子がある。この遺伝子に関して劣性だけの組み合わせになると，色覚異常になる。ある家系で調査したところ，色覚については下図のような結果がわかった。

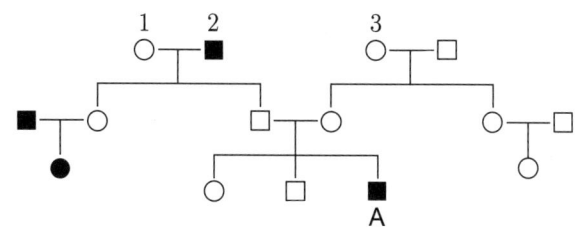

　図中のAで表されている色覚異常をもつ男性について，劣性の色識別遺伝子はだれから由来したものか。正しいものを次の①〜⑦の中から一つ選びなさい。　15

① 1　　　　② 2　　　　③ 3　　　　④ 1か2
⑤ 1か3　　⑥ 2か3　　⑦ 1か2か3

問14 地球での生命の起源に関しては，化学進化説が最も有力とされている。次の文は，その説について述べたものである。文中の空欄 a ～ d に当てはまる言葉の正しい組み合わせを，下の①～⑧の中から一つ選びなさい。 16

　1953年にミラーは原始の大気を構成するメタン， a ，水素，水蒸気の混合気体を加熱しながら高圧放電することで，有機物を含んだ水が得られた。これより更に複雑な有機物から原始の生命が誕生すると考えられる。この原始の生命は光に b ，無機物を c して， d を行う化学合成細菌となる。

	a	b	c	d
①	アンモニア	依存し	酸化	炭酸同化
②	アンモニア	依存し	還元	窒素同化
③	アンモニア	依存しないで	酸化	炭酸同化
④	アンモニア	依存しないで	還元	窒素同化
⑤	酸素	依存し	酸化	窒素同化
⑥	酸素	依存し	還元	炭酸同化
⑦	酸素	依存しないで	酸化	窒素同化
⑧	酸素	依存しないで	還元	炭酸同化

問15 下の図は，植生遷移の進行に伴う植物の種類数の変化を示したものである．図中で種類数が低下しているときの原因として最も関連が深いものを，下の①～⑤の中から一つ選びなさい。 17

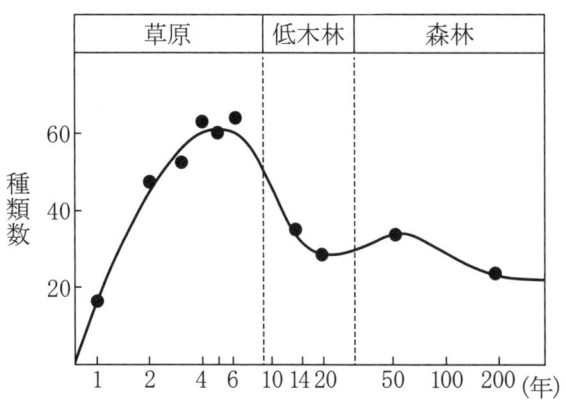

① 水分量　　　　② 土壌中の養分の量　　　③ 地表に届く光量
④ 植生内の温度　⑤ 生息する動物の種類数

問16 ハーディ・ワインベルグの法則が成り立つ条件に当てはまらないものを，次の①～⑤の中から一つ選びなさい。 18

① 集団内では突然変異がおこらない。
② 個体によって生存力や繁殖力に差がある。
③ 注目する形質の間で，自然選択がはたらいていない。
④ 他の集団との間で，個体の移入や移出がおこらない。
⑤ 集団の大きさが十分に大きく，遺伝的浮動の影響を無視できる。

第7回

実戦問題
解答時間 35分

正解と得点分布図確認

QRコードを読み取ってオンライン解答用紙に解答を記入し、正解と得点分布を確認してください。

生物

「解答科目」記入方法

解答科目には「物理」,「化学」,「生物」がありますので,この中から2科目を選んで解答してください。選んだ2科目のうち,1科目を解答用紙の表面に解答し,もう1科目を裏面に解答してください。

「生物」を解答する場合は,右のように,解答用紙にある「解答科目」の「生物」を○で囲み,その下のマーク欄をマークしてください。

科目が正しくマークされていないと,採点されません。

第7回　実戦問題

問1　生体には触媒機能をもつ酵素が存在する。一定濃度のある酵素を用いて，基質を充分量加え，温度を変化させて反応速度を測定したところ，下の図のような結果を得た。次の問い(1)，(2)に答えなさい。

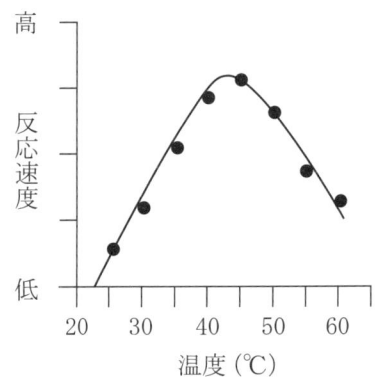

(1) 酵素が存在する場合と存在しない場合の，化学反応をする物質のエネルギー状態を最も適切に示した図を，次の①〜④の中から一つ選びなさい。ただし，実線は存在する場合，破線は存在しない場合を示している。　**1**

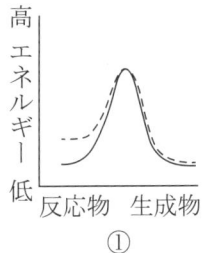 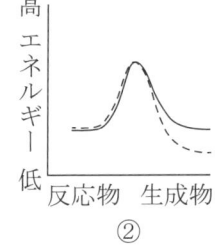 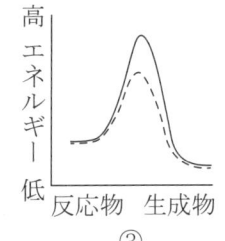 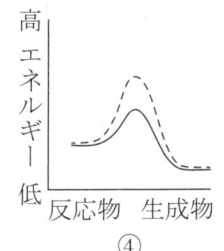

(2) 高温で反応速度が減少した理由として最も適当なものを，次の①〜⑤の中から一つ選びなさい。　**2**

① 酵素が失活した。

② 酵素の一次構造が変化した。

③ 基質が熱で分解された。

④ 酵素がアロステリック部位に結合し，フィードバック効果が生じた。

⑤ 酵素が活性部位に結合し，アロステリック効果が生じた。

問2 下の図は乳酸発酵とアルコール発酵の反応経路を示したものである。図中の A ～ C に当てはまる語句の組み合わせとして正しいものを，下の①～⑧の中から一つ選びなさい。 3

乳酸発酵

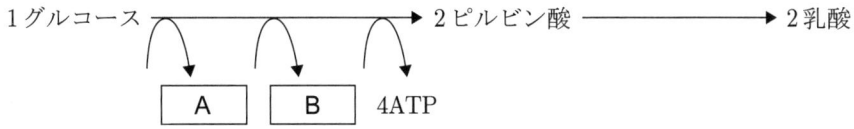

アルコール発酵

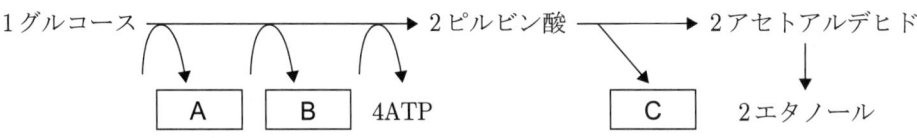

	A	B	C
①	2ADP	2NADH/H$^+$	二酸化炭素（CO$_2$）
②	2NADH/H$^+$	2ADP	二酸化炭素
③	4ADP	4NADH/H$^+$	二酸化炭素
④	4NADH/H$^+$	4ADP	二酸化炭素
⑤	2ADP	2NADH/H$^+$	酸素（O$_2$）
⑥	2NADH/H$^+$	2ADP	酸素
⑦	4ADP	4NADH/H$^+$	酸素
⑧	4NADH/H$^+$	4ADP	酸素

問3 真核生物では染色体上に複数の複製開始点が存在し，複製開始点から両方向に複製が進行する。下の図の領域の中でラギング鎖が生じる領域a～fの組み合わせとして最も適当なものを，下の①～⑧の中から一つ選びなさい。 4

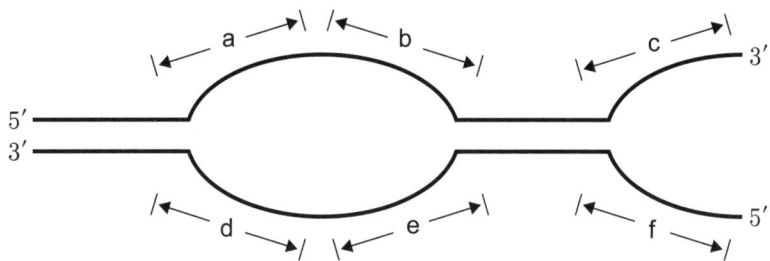

① a, b, c   ② a, b, f   ③ a, c, e   ④ a, e, f
⑤ b, c, d   ⑥ b, d, f   ⑦ c, d, e   ⑧ d, e, f

問4 細胞骨格は，細胞の形状とその機械的特性に関与する。次の文は，細胞骨格のはたらきについて述べたものである。文中の空欄 a ～ c に当てはまる語句の正しい組み合わせを，下の①～⑥の中から一つ選びなさい。 5

　細胞骨格のうち， a は筋収縮，原形質流動，細胞分裂時の細胞質分裂など， b はべん毛の動き，細胞小器官の移動，細胞分裂時の染色体の移動などに関係し， c は核の形状を保持する役割を担っている。

	a	b	c
①	微小管	アクチンフィラメント	中間径フィラメント
②	微小管	中間径フィラメント	アクチンフィラメント
③	アクチンフィラメント	微小管	中間径フィラメント
④	アクチンフィラメント	中間径フィラメント	微小管
⑤	中間径フィラメント	微小管	アクチンフィラメント
⑥	中間径フィラメント	アクチンフィラメント	微小管

問5 ウイルスは生物か非生物か長く議論されている。現存の定義では，ウイルスが非生物と思われることが多い。ウイルスが生物の定義に**当てはまらないもの**の組み合わせを，下の①～⑥の中から一つ選びなさい。 6

a　自己の遺伝子をもつ
b　自己複製
c　自分でエネルギー代謝
d　自分の内部と外部を区別

① a, b　　　② a, c　　　③ a, d　　　④ b, c
⑤ b, d　　　⑥ c, d

第7回　実戦問題

問6　ヒトの血糖値はさまざまなホルモンのはたらきにより一定の範囲に保たれている。下の図は，健康な人の食事前後の血糖値とホルモンの量の変化を示したものである。次の問い(1)，(2)に答えなさい。

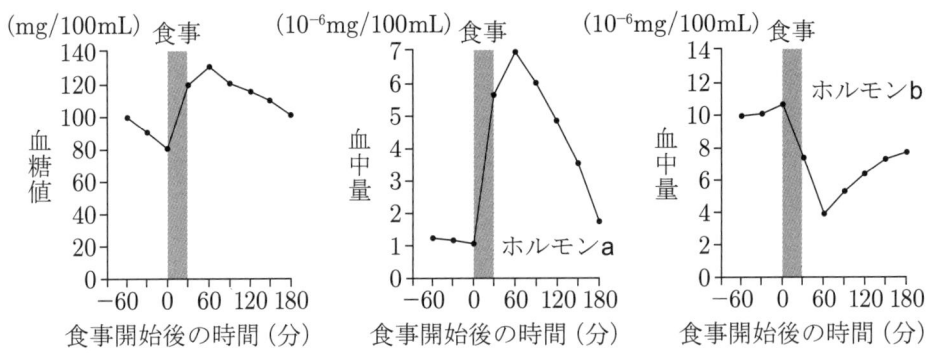

(1)　ホルモンaを分泌する内分泌腺は，血糖値の変化を直接感知してホルモンa分泌することもできるが，神経系の刺激によっても分泌される。それは何という神経か。正しいものを次の①～④の中から一つ選びなさい。　　**7**

　　① 交感神経　　　② 副交感神経　　　③ 感覚神経　　　④ 運動神経

(2)　ホルモンbはホルモンaと同じ内分泌腺から分泌され，グリコーゲンを分解して血糖値を上げる作用をもつ。それに対して，タンパク質から糖を合成することで血糖値を上げるホルモンcも存在する。このホルモンcは何か。正しいものを次の①～⑦の中から一つ選びなさい。　　**8**

　　① グルカゴン　　② アドレナリン　　③ インスリン　　④ 成長ホルモン
　　⑤ 糖質コルチコイド　　⑥ チロキシン　　⑦ バソプレシン

問7 形成体（オーガナイザー）とは，発生中の胚の他の部分に作用して一定の分化を誘導する部分である。かつてはイモリやサンショウウオの胚を用いて，このしくみが詳しく研究され，中胚葉誘導という現象が明らかになった。中胚葉誘導の説明として最も適切なものを，次の①～⑥の中から一つ選びなさい。 9

① 胞胚の予定内胚葉域は，予定中胚葉域に作用して外胚葉性の組織への分化を誘導する。
② 胞胚の予定中胚葉域は，予定内胚葉域に作用して外胚葉性の組織への分化を誘導する。
③ 胞胚の予定内胚葉域は，予定外胚葉域に作用して中胚葉性の組織への分化を誘導する。
④ 胞胚の予定外胚葉域は，予定内胚葉域に作用して中胚葉性の組織への分化を誘導する。
⑤ 胞胚の予定中胚葉域は，予定外胚葉域に作用して内胚葉性の組織への分化を誘導する。
⑥ 胞胚の予定外胚葉域は，予定中胚葉域に作用して内胚葉性の組織への分化を誘導する。

問8 次の図はヒトの血液凝固のしくみを示したものである。図中の A ～ C に当てはまる語句の組み合わせとして最も適切なものを，下の①～⑧の中から一つ選びなさい。 10

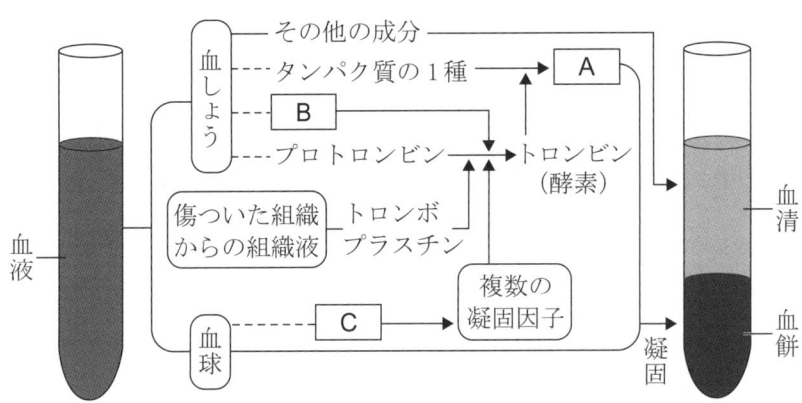

	A	B	C
①	フィブリノーゲン	カリウムイオン（K$^+$）	血小板
②	フィブリノーゲン	カリウムイオン	赤血球
③	フィブリノーゲン	カルシウムイオン（Ca^{2+}）	血小板
④	フィブリノーゲン	カルシウムイオン	赤血球
⑤	フィブリン	カリウムイオン	血小板
⑥	フィブリン	カリウムイオン	赤血球
⑦	フィブリン	カルシウムイオン	血小板
⑧	フィブリン	カルシウムイオン	赤血球

問9 神経に与える刺激を徐々に強くしながら，刺激を繰り返した場合の活動電位として最も適当なものを，次の①～⑥の中から一つ選びなさい。　11

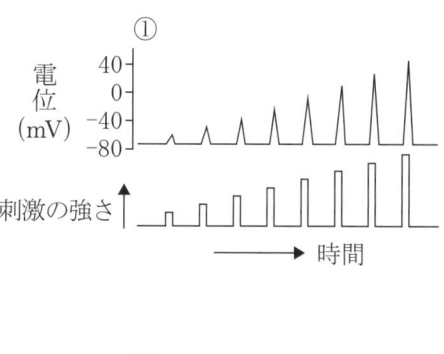
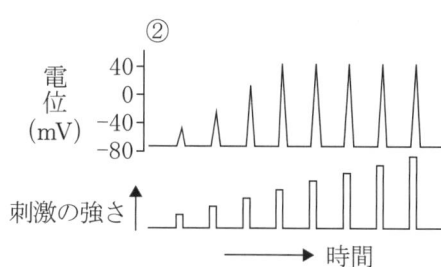
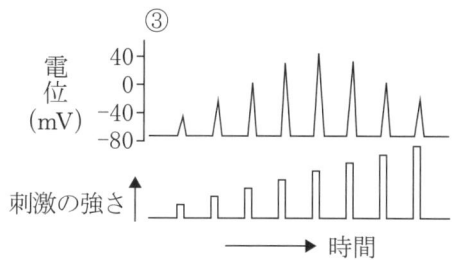
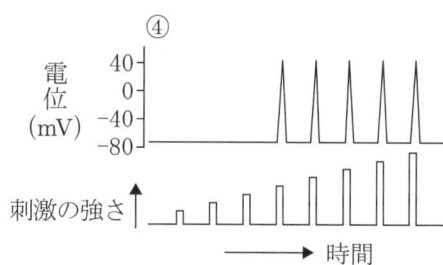
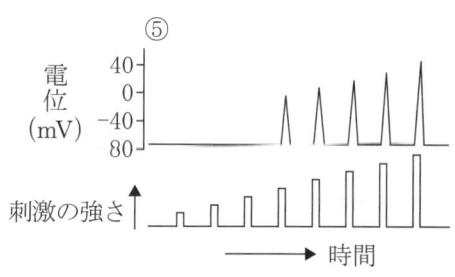
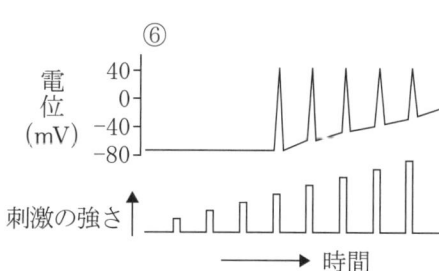

問10 脳下垂体後葉から分泌されるバソプレシンのはたらきに関する記述として最も適切なものを，次の①〜⑥の中から一つ選びなさい。 12

① 腎臓におけるナトリウムイオン（Na⁺）の再吸収を促進する。
② 腎臓における水の再吸収を促進する。
③ 腎臓における尿素の再吸収を促進する。
④ 肝臓におけるグリコーゲンの合成を促進する。
⑤ 肝臓におけるグルコースの合成を促進する。
⑥ 肝臓におけるグルコースの消費を促進する。

問11 下の図はヒトの循環系を模式的に示したものである。尿素の濃度が最も低い血管として最も適切なものを，図中の①〜⑨の中から一つ選びなさい。 13

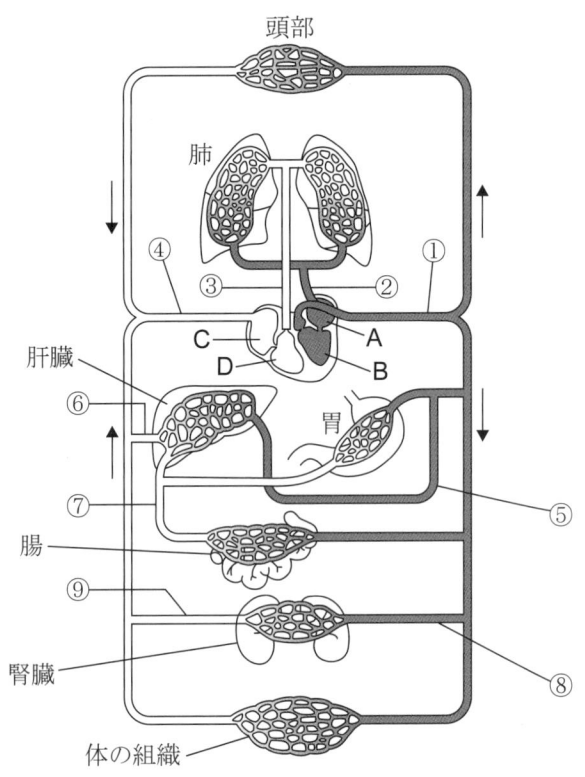

問12 免疫反応について述べた文として誤っているものを，次の①〜④の中から一つ選びなさい。　14

① アレルギーの原因となる物質をアレルゲンと呼び，アレルゲンはヒスタミンによって分解される。
② Ⅰ型糖尿病は，すい臓ランゲルハンス島のB細胞が破壊されることが原因で発症する。
③ HIVがヘルパーT細胞に感染して細胞が破壊されることで，エイズを発症する。
④ 毒素や菌などをあらかじめウマなどに注射して抗体をつくらせ，抗体を含む血清を注射する治療法を血清療法という。

問13 ショウジョウバエのX染色体上にある遺伝子Aと遺伝子Bは連鎖している。遺伝子A，Bともに優性遺伝子をもつ雄(AB)と劣性遺伝子がホモの雌(aabb)を交雑すると，F_1の雌の遺伝子型はAaBbと表される。連鎖している遺伝子AB間の組換え価を25％とすると，F_1どうしの交雑により出現する表現型の分離比

[AB]：[Ab]：[aB]：[ab]

として正しいものを，次の①〜⑤の中から一つ選びなさい。　15

① 3：1：1：3
② 11：1：1：3
③ 14：1：1：14
④ 33：15：15：1
⑤ 41：7：7：9

第7回 実戦問題

問14 植物には屈性や傾性といった性質がみられる。植物の性質について述べた次の文a～eの中から，正の屈性に当てはまる現象の組み合わせを，下の①～⑦の中から一つ選びなさい。　16

a　チューリップの花は，温度が上がると開く。
b　キュウリの巻きひげは，立てた棒に巻き付く。
c　カタバミは，夜になると花が閉じる。
d　マカラスムギの根は，暗所に置かれると下へ伸びる。
e　オジギソウの葉に触れると葉が閉じる。

① a, b　　② a, c　　③ b, c　　④ b, d
⑤ c, d　　⑥ c, e　　⑦ d, e

問15 日本国内で見られる森林について，年間平均気温の高い順に並べたものとして最も適当なものを，次の①～⑥の中から一つ選びなさい。　17

①　亜熱帯多雨林，夏緑樹林，照葉樹林，針葉樹林
②　亜熱帯多雨林，夏緑樹林，針葉樹林，照葉樹林
③　亜熱帯多雨林，照葉樹林，夏緑樹林，針葉樹林
④　亜熱帯多雨林，照葉樹林，針葉樹林，夏緑樹林
⑤　亜熱帯多雨林，針葉樹林，照葉樹林，夏緑樹林
⑥　亜熱帯多雨林，針葉樹林，夏緑樹林，照葉樹林

問16 生態系では，生産者が光合成によって太陽が照射される光エネルギーを化学エネルギーに変換して，有機物中に蓄える。このエネルギーの一部は一次消費者に取り込まれ，食物連鎖を通して，より高次の消費者に移動する。このような異なる栄養段階におけるエネルギー量の関係を積み上げると，次の図のように表すことができる。一次消費者のエネルギー効率(%)を表す式として最も適当なものを，下の①～⑥の中から一つ選びなさい。 18 %

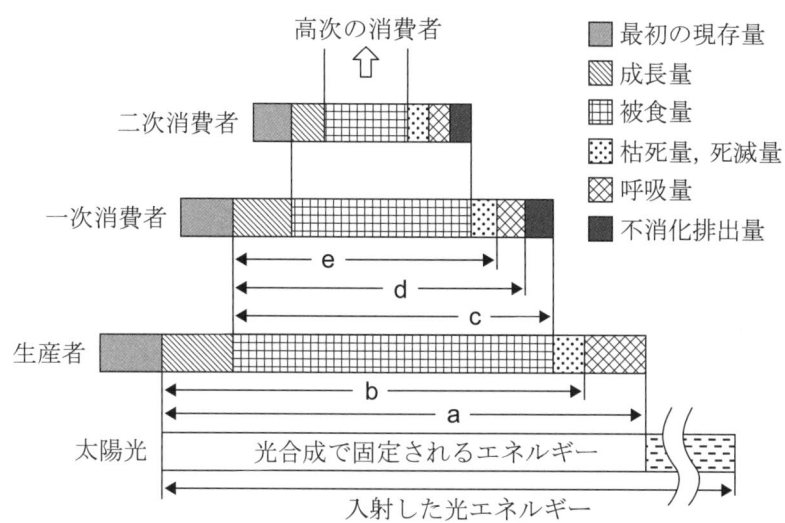

① $\dfrac{c}{a} \times 100$　　② $\dfrac{d}{a} \times 100$　　③ $\dfrac{e}{a} \times 100$

④ $\dfrac{d}{b} \times 100$　　⑤ $\dfrac{e}{b} \times 100$　　⑥ $\dfrac{e}{c} \times 100$

第8回

実戦問題
解答時間 35分

正解と得点分布図確認

QRコードを読み取ってオンライン解答用紙に解答を記入し、正解と得点分布を確認してください。

生物

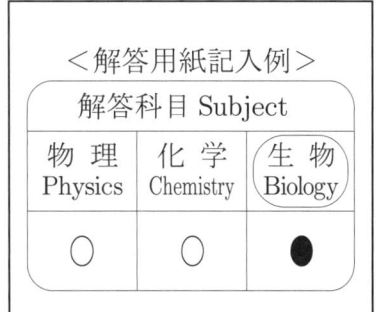

「解答科目」記入方法

解答科目には「物理」,「化学」,「生物」がありますので，この中から2科目を選んで解答してください。選んだ2科目のうち，1科目を解答用紙の表面に解答し，もう1科目を裏面に解答してください。

「生物」を解答する場合は，右のように，解答用紙にある「解答科目」の「生物」を○で囲み，その下のマーク欄をマークしてください。

科目が正しくマークされていないと，採点されません。

問1 タンパク質を構成するアミノ酸について述べた文として**誤っているもの**を，次の①〜⑤の中から一つ選びなさい。　1

① からだを構成するアミノ酸は20種類に限定されている。
② タンパク質の合成方向はアミノ酸のC末端からN末端へ結合される。
③ アミノ酸の配列は一次構造とよばれる。
④ 体内で合成できないアミノ酸は必須アミノ酸とよばれる。
⑤ ジスルフィド結合は，2つのシステイン間でつくられる。

第8回　実戦問題

問2　ある植物の花粉の大きさをミクロメーターで測定した。接眼レンズの倍率を10倍，対物レンズの倍率を40倍で，接眼ミクロメーターと対物ミクロメーターを顕微鏡にセットし，下の図1のようになった。同じ倍率でこの花粉を接眼ミクロメーターで測定すると，図2のようになった。この花粉の長径（μm）として，最も適切な数値を，次の①～⑧の中から一つ選びなさい。ただし，対物ミクロメーターには1mmを100等分した目盛りがついており，実線は対物ミクロメーターのメモリを，破線は接眼ミクロメーターのメモリを示している。　　　　　　　　　　　　　　　　　　　　　　　　　　　　　 2　μm

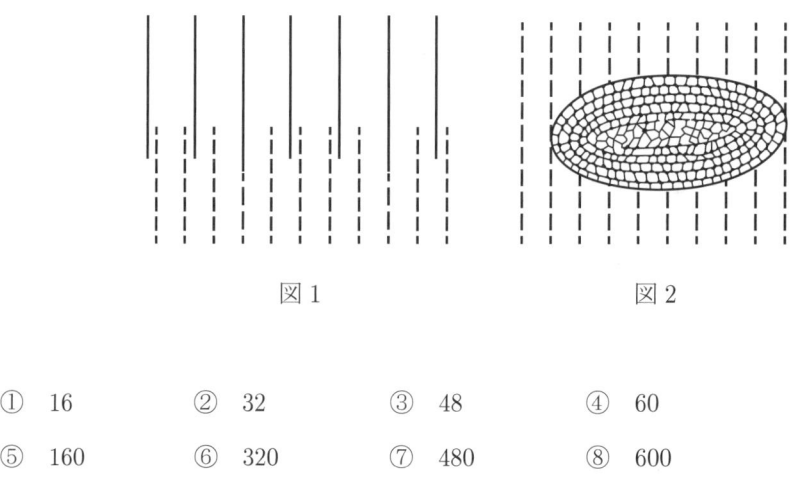

図1　　　　　　　図2

①　16　　　②　32　　　③　48　　　④　60
⑤　160　　　⑥　320　　　⑦　480　　　⑧　600

問3　体細胞分裂を観察するために，タマネギの鱗茎を用いて観察を行った。体細胞分裂の後期のものを，次の①～⑤の中から一つ選びなさい。　　　3

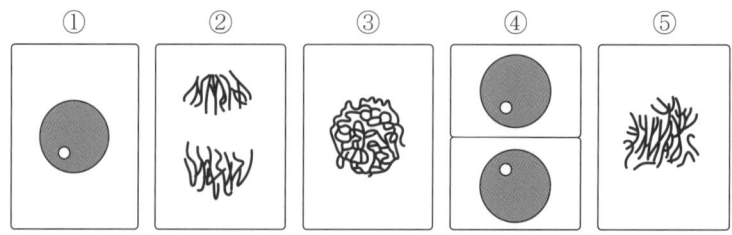

問4 次の図は，複製開始点からDNAが合成されている状態を模式的に表しているものである。矢印はヌクレオチド鎖の合成の方向を示し，短い矢印の連続は，岡崎フラグメントのことを示している。DNAの複製を表す図として最も適当なものを，次の①〜⑤の中から一つ選びなさい。 4

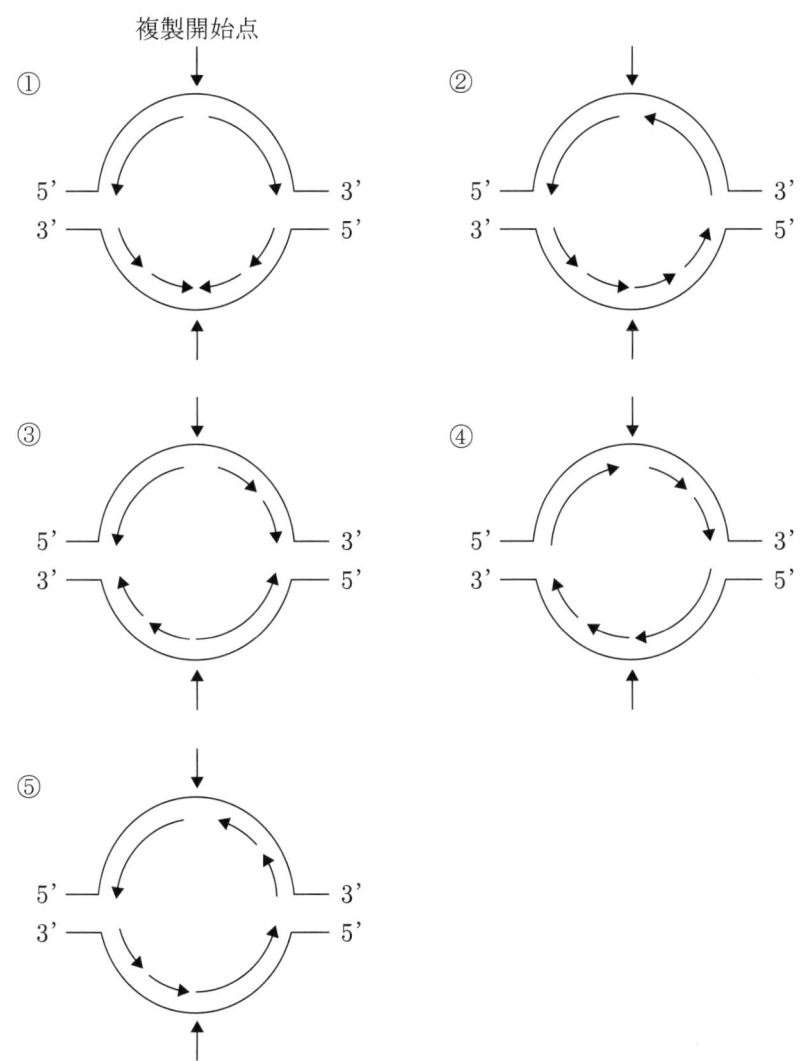

問5 植物の光合成のカルビン・ベンソン回路の過程においてみられる補酵素に関する反応として正しいものを，次の①～⑥の中から一つ選びなさい。 5

① $NAD^+ + 2H \rightarrow NADH/H^+$
② $NADH/H^+ \rightarrow NAD^+ + 2H$
③ $NADP^+ + 2H \rightarrow NADPH/H^+$
④ $NADPH/H^+ \rightarrow NADP^+ + 2H$
⑤ $FAD + 2H \rightarrow FADH_2$
⑥ $FADH_2 \rightarrow FAD + 2H$

問6 腎臓は，老廃物などの物質を尿として排出するとともに，体の水分含量や体液の塩類濃度の調節にかかわっている。イヌリンの濃縮率と1日あたりの尿量から，1日あたりの原尿量を推定することができる。イヌリンの腎臓の中での移動パターンとして最も適当なものを，次の①～⑤の中から一つ選びなさい。 6

① ボーマンのうへろ過され，原尿には含まれないが，尿には含まれる。
② ボーマンのうへろ過され，再吸収がほとんどおこらない。
③ ボーマンのうへろ過されるが，ほとんどが原尿から再吸収されるので，尿には含まれない。
④ ボーマンのうへもろ過されるが，ろ過より主に細尿管で，血液から原尿側へ分泌添加される。
⑤ ボーマンのうへろ過されず，そのまま血液中に残る。

問7 体液は，血液，組織液およびリンパ液の液体成分からなる。血管を流れる血液は，血しょうと血球である赤血球，白血球および血小板からなる。血球それぞれの主なはたらきについて述べた文の組み合わせとして最も適切なものを，次の①〜⑥の中から一つ選びなさい。 7

	赤血球	白血球	血小板
①	栄養分の運搬	免疫にかかわる	血液凝固にかかわる
②	栄養分の運搬	血液凝固にかかわる	免疫にかかわる
③	老廃物の運搬	免疫にかかわる	血液凝固にかかわる
④	老廃物の運搬	血液凝固にかかわる	免疫にかかわる
⑤	酸素の運搬	免疫にかかわる	血液凝固にかかわる
⑥	酸素の運搬	血液凝固にかかわる	免疫にかかわる

問8 生物の外部環境はさまざまに変化するのに対して，体内環境の状態は常に一定の範囲に維持され恒常性を保つ。恒常性について述べた次の文の中の空欄 a ～ d に当てはまる語句の組み合わせとして正しいものを，下の①～⑧の中から一つ選びなさい。 8

ヒトは寒冷環境下で体温が低下すると，間脳の a にある体温調節中枢から b を通して立毛筋や皮膚の毛細血管が c し，放熱量を d することによって，体温が維持される。

	a	b	c	d
①	脳下垂体	交感神経	拡張	減少
②	脳下垂体	交感神経	収縮	増加
③	脳下垂体	副交感神経	拡張	増加
④	脳下垂体	副交感神経	収縮	減少
⑤	視床下部	交感神経	拡張	増加
⑥	視床下部	交感神経	収縮	減少
⑦	視床下部	副交感神経	拡張	減少
⑧	視床下部	副交感神経	収縮	増加

問9 次の図は，植物Aと植物Bについて，ある一定の条件下での光の強さと二酸化炭素（CO_2）の吸収速度の関係を示している。この図に関する次の問い(1)，(2)に答えなさい。

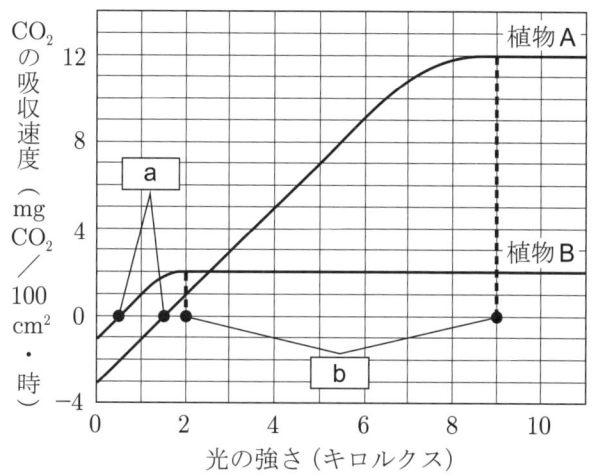

(1) 植物AとBの名称と，空欄 a ～ b に当てはまる語句との組み合わせとして，正しいものを次の①～⑧の中から一つ選びなさい。 9

	植物A	植物B	a	b
①	陽樹	陰樹	光飽和点	光補償点
②	陽樹	陰樹	光補償点	光飽和点
③	陽樹	陰樹	光飽和点	呼吸点
④	陽樹	陰樹	呼吸点	光飽和点
⑤	陰樹	陽樹	光飽和点	光補償点
⑥	陰樹	陽樹	光補償点	光飽和点
⑦	陰樹	陽樹	光飽和点	呼吸点
⑧	陰樹	陽樹	呼吸点	光飽和点

(2) 植物Aと植物Bの見かけの光合成速度が同じになるような光の強さとして最も適切なものを，次の①～⑥から一つ選びなさい。 10

① 0.5キロルクス　　② 1.0キロルクス　　③ 1.5キロルクス
④ 2.0キロルクス　　⑤ 2.5キロルクス　　⑥ 3.0キロルクス

問10 植物の気孔について述べた文として正しいものを，次の①〜⑥の中から一つ選びなさい。

11

① 孔辺細胞のナトリウムイオン（Na^+）の濃度が上昇すると，気孔が開く。
② 孔辺細胞のナトリウムイオンの濃度が上昇すると，気孔が閉じる。
③ 孔辺細胞のカリウムイオン（K^+）の濃度が上昇すると，気孔が開く。
④ 孔辺細胞のカリウムイオンの濃度が上昇すると，気孔が閉じる。
⑤ 孔辺細胞のマグネシウムイオン（Mg^{2+}）の濃度が上昇すると，気孔が開く。
⑥ 孔辺細胞のマグネシウムイオンの濃度が上昇すると，気孔が閉じる。

問11 次の図は，被子植物の花粉と胚の形成について模式的に示したものである。図中のa〜eで減数分裂を行われている過程を示しているものの組み合わせを，下の①〜⑥の中から一つ選びなさい。

12

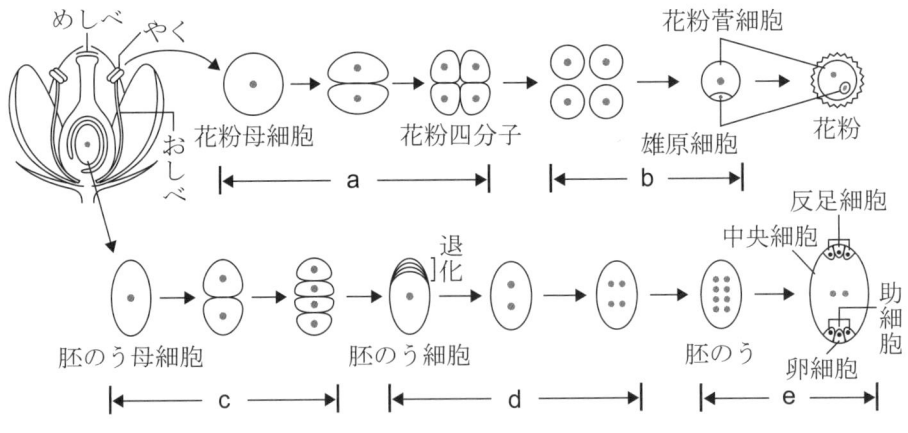

① a, b   ② a, c   ③ c, d   ④ b, e   ⑤ a, e   ⑥ d, e

問12 スイートピーの花の色には青紫色と赤色があり，花粉の形には長花粉と丸花粉がある。ここで花の色の遺伝子は，青紫色(B)が赤色(b)に対して優性で，長花粉(L)が丸花粉(l)に対して優性であることが分かっている。いま，遺伝子型 $BBLL$ の個体と $bbll$ の個体を親として交配し，F_1 をつくった。この F_1 を検定交雑して F_2 をつくると，表現型とその分離比は

$$[BL]:[Bl]:[bL]:[bl] = 8:1:1:8$$

となった。次の問い(1), (2)に答えなさい。

(1) 遺伝子 B と L との組換え価(%)はいくらになるか。最も近い数値を，次の①~⑧の中から一つ選びなさい。　　　13 ％

① 0　　② 6.25　　③ 11.1　　④ 12.5
⑤ 22.2　　⑥ 25.0　　⑦ 33.3　　⑧ 50.0

(2) F_1 の自家受精によって得られる F_2' の表現型とその分離比

$$[BL]:[Bl]:[bL]:[bl]$$

として最も適切なものを，次の①~⑨の中から一つ選びなさい。　　　14

① 9:3:3:1　　② 8:1:1:8　　③ 1:8:8:1
④ 64:1:1:64　　⑤ 1:64:64:1　　⑥ 226:17:17:64
⑦ 17:226:64:17　　⑧ 243:0:0:81　　⑨ 81:0:0:243

第8回　実戦問題

問13　ある清流河川に，有機物を含んだ下水が常に一定量流れ込んでいる場所の上流から下流の水質を調査し，その結果を次の図に示した。次の問い(1)，(2)に答えなさい。

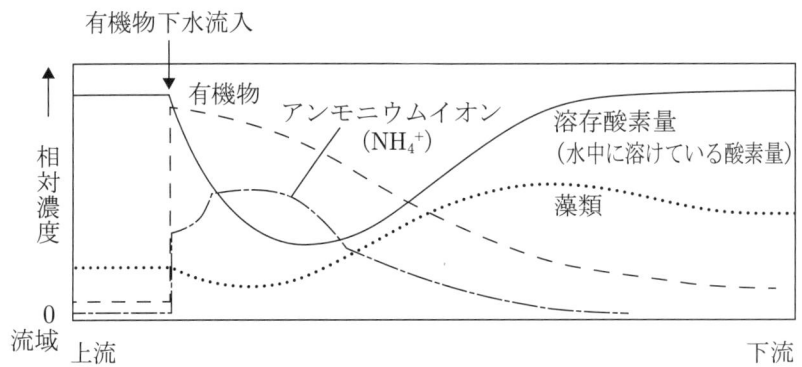

(1) 有機物を含んだ下水の流入場所より下流の流域におけるアンモニウムイオンの濃度が増加した理由を説明した文として正しいものを，次の①～⑤の中から一つ選びなさい。　15

① アンモニウムイオンは流入した下水中に含まれており，さらに水中での微生物の作用によって硝化され，増加した。

② アンモニウムイオンは流入した下水中には含まれていないが，水中に増加した硝酸イオンを微生物が酸化することで，徐々に増加した。

③ アンモニウムイオンは流入した下水中には含まれていないが，水中に増加した硝酸イオンを微生物が還元することで，徐々に増加した。

④ アンモニウムイオンは流入した下水中に含まれており，さらに水中での微生物の作用によって有機物が分解され，増加した。

⑤ アンモニウムイオンは流入した下水中には含まれていないが，下水中の有機物と無機塩類が反応することで，徐々に増加した。

(2) 有機物を含んだ下水の流入場所より下流の流域における藻類の変化とその影響を説明した文として正しいものを，次の①〜④の中から一つ選びなさい。 16

① 汚水として流れ込んだ水の中に，はじめから大量に存在していたが，有機物を利用できないため，増殖できず，水による希釈で下流では次第に減少した。
② 微生物により有機物の分解が進み栄養塩類が生じると，これらの栄養塩類によって次第に増殖するとともに，酸素を放出し溶存酸素量を回復させた。
③ 汚水として流れ込んだ大量の有機物を利用して急激に増殖し，分解や水による希釈で有機物が少なくなるにしたがって，下流では次第に減少した。
④ 汚水中の未分解の有機物をそのまま吸収し栄養源として利用して，次第に増殖するとともに，酸素を放出し溶存酸素量を回復させた。

問14 次の図は，ある生物の個体群 X，Y，Z の年齢ピラミッドを示している。下の文 a～c のうち X，Y，Z について説明したものとして正しい組み合わせを，下の①～⑥の中から一つ選びなさい。

17

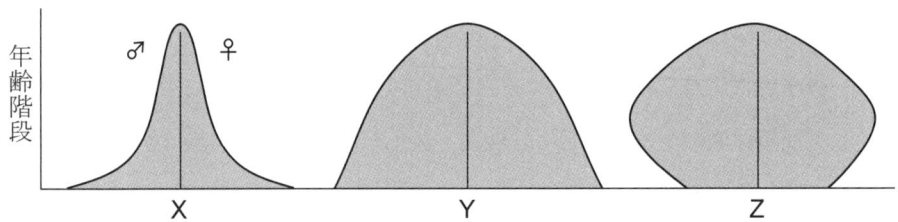

a 各年齢層の個体の死亡率はほぼ一定である。
b 衰退している個体群と思われる。
c 出生率が高いが，若幼期の生存率が低い個体群である。

	X	Y	Z
①	a	b	c
②	a	c	b
③	b	a	c
④	b	c	a
⑤	c	a	b
⑥	c	b	a

問15 3ドメイン説に基づいて描かれた図として最も適切なものを，次の①〜④の中から一つ選びなさい。　18

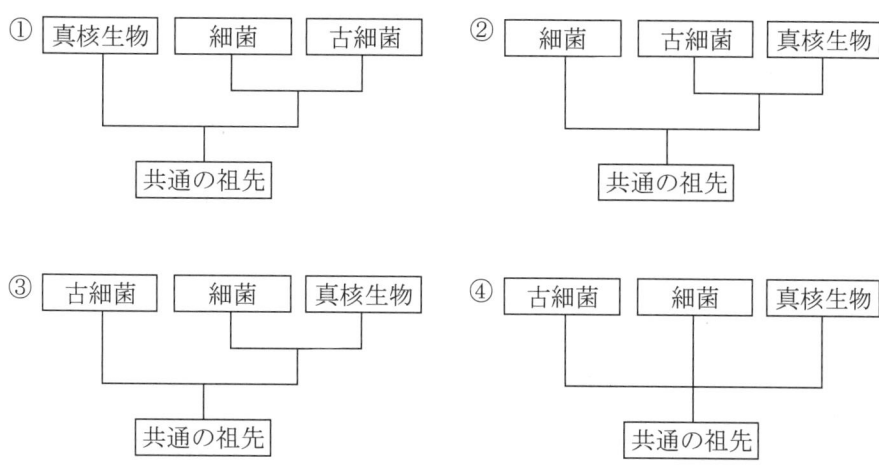

第 9 回

実戦問題

解答時間 35 分

正解と得点分布図確認

QRコードを読み取ってオンライン解答用紙に解答を記入し、正解と得点分布を確認してください。

生物

「解答科目」記入方法

解答科目には「物理」,「化学」,「生物」がありますので,この中から2科目を選んで解答してください。選んだ2科目のうち,<u>1科目を解答用紙の表面に解答し,もう1科目を裏面に解答してください。</u>

「生物」を解答する場合は,右のように,解答用紙にある「解答科目」の「生物」を○で囲み,その下のマーク欄をマークしてください。

<u>科目が正しくマークされていないと,採点されません。</u>

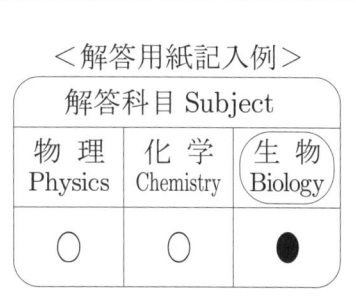

問1 次の図は動物細胞とその一部を拡大した模式図である。次の問い(1), (2)に答えなさい。

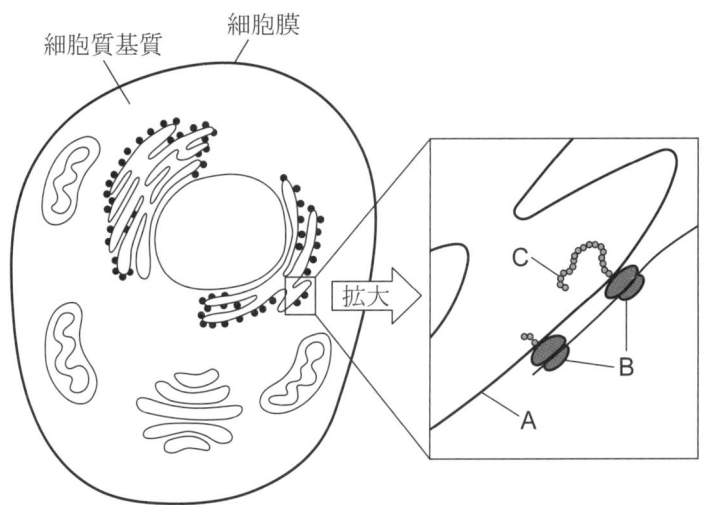

(1) 拡大図中のA, B, Cの名称の組み合わせとして正しいものを，次の①～⑧の中から一つ選びなさい。　1

	A	B	C
①	核	リボソーム	ポリペプチド
②	核	リボソーム	mRNA
③	核	RNAポリメラーゼ	ポリペプチド
④	核	RNAポリメラーゼ	mRNA
⑤	小胞体	リボソーム	ポリペプチド
⑥	小胞体	リボソーム	mRNA
⑦	小胞体	RNAポリメラーゼ	ポリペプチド
⑧	小胞体	RNAポリメラーゼ	mRNA

(2) 拡大図はある過程が進行している様子を表している。ここで進行している過程として正しいものを，次の①～⑤の中から一つ選びなさい。　2

① 膜融合　　② 糖新生　　③ 複製　　④ 転写　　⑤ 翻訳

問2　タンパク質の構造について述べた文として最も適切なものを，次の①～⑤の中から一つ選びなさい。　3

① 一次構造はアミノ酸のアミノ基どうしの結合によって形成される。
② 一次構造は70℃程度の熱で破壊される。
③ 二次構造の形成には水素結合のはたらきが重要である。
④ 三次構造は3つのポリペプチドから形成される。
⑤ すべてのタンパク質は四次構造をもつ。

問3　核酸について述べた文として**誤っているもの**を，次の①～④の中から一つ選びなさい。　4

① DNA複製は複製開始，伸長，終結の3段階で進む。
② DNAポリメラーゼには，間違って複製された塩基対を認識し，正しく修復する機能をもつものもある。
③ 合成に使われる4種類のヌクレオチドには4つのリン酸基がついており，その外側の3つのリン酸基が一緒に外れる際のエネルギーはさまざまな生体反応に利用される。
④ DNA複製により合成された2本の二重らせんDNAは1本の新しい娘鎖と1本の元の親鎖から構成されており，これを半保存的複製という。

第9回　実戦問題

問4　植物のほか，細菌の中にも炭酸同化を行うものがある。細菌の炭酸同化について述べた文として正しいものを，次の①～⑤の中から一つ選びなさい。　5

① ネンジュモはバクテリオクロロフィルを利用して光合成を行う。
② 硫黄細菌はバクテリオクロロフィルを利用して光合成を行う。
③ 亜硝酸菌は亜硝酸イオンを酸化して光合成を行う。
④ 水素細菌は水素を還元して化学合成を行う。
⑤ 鉄細菌は2価の鉄イオンを酸化して化学合成を行う。

問5　植物の光合成と呼吸についての記述として最も適切なものを，次の①～⑥の中から一つ選びなさい。　6

① どちらの過程においても，生体膜をはさんだ水素イオン(H^+)の濃度勾配が形成される。
② どちらの過程においても，電子伝達系に電子を供給する物質は同一である。
③ 呼吸では，電子伝達系でつくられたATPはクエン酸回路で利用される。
④ 光合成では，電子伝達系でつくられたATPは，チラコイドでカルビン・ベンソン回路に利用される。
⑤ 呼吸では解糖系とクエン酸回路においてATPが消費される。
⑥ 光合成ではカルビン・ベンソン回路でもATPが合成される。

問6 同じ抗原が再び体内に侵入したとき，二次応答が起こる。二次応答の様子を正しく表しているものを，次の①～⑥の中から一つ選びなさい。　7

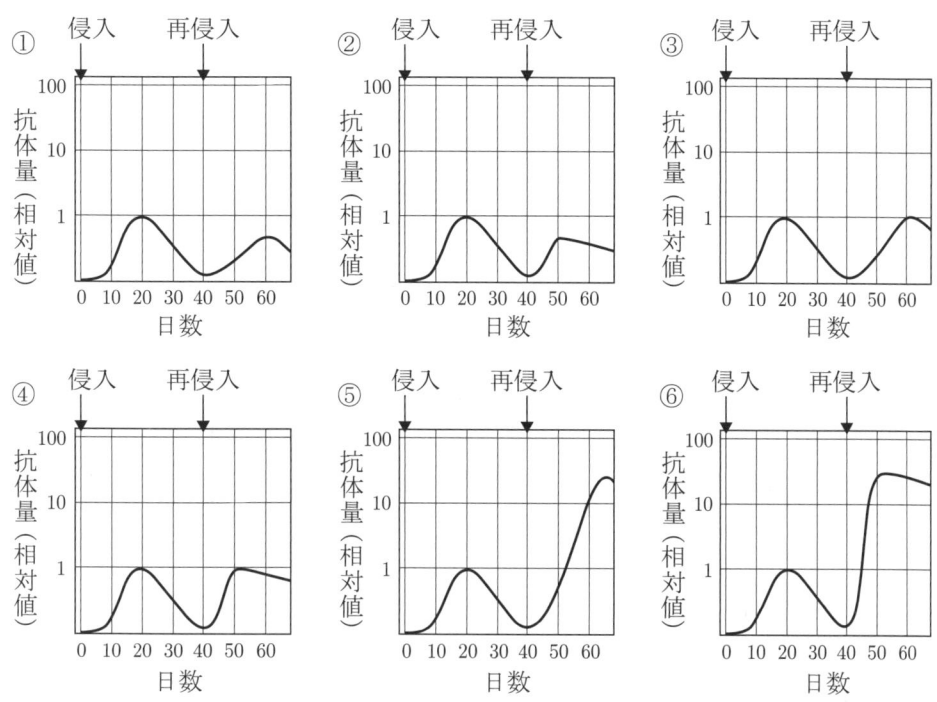

問7 次の図は筋原繊維を模式的に示したものである。筋収縮時において長さが短くなる部分はどれか。正しいものを下の①～⑥の中から一つ選びなさい。　8

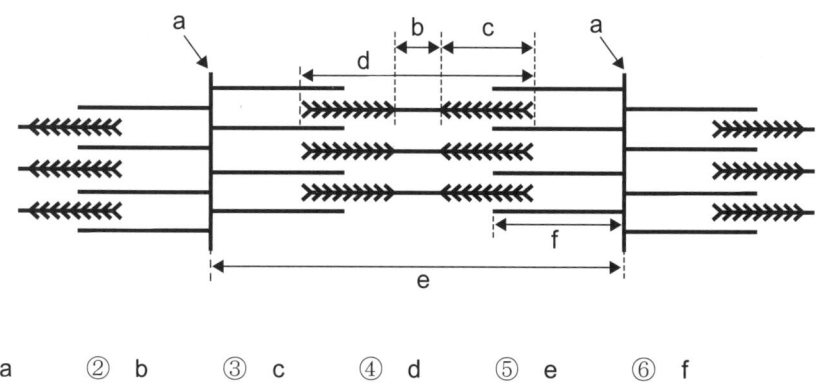

① a　② b　③ c　④ d　⑤ e　⑥ f

問8 ホルモンはステロイドホルモン，ペプチドホルモンおよびアミンホルモンに大きく分けられる。ホルモンについて述べた次の文の中の空欄 a ～ d に当てはまる語句の組み合わせとして正しいものを，下の①～⑨の中から一つ選びなさい。 9

糖質コルチコイドなどの a ホルモンは， b にある受容体と結合することによって，遺伝子の発現を調節する。一方，成長ホルモンなどの c ホルモンは， d にある受容体と結合することによって，遺伝子の発現を調節する。

	a	b	c	d
①	ステロイド	細胞質	ペプチド	細胞膜
②	ステロイド	細胞膜	ペプチド	細胞質
③	ステロイド	細胞質	アミン	細胞膜
④	ペプチド	細胞膜	アミン	細胞質
⑤	ペプチド	細胞質	アミン	細胞膜
⑥	ペプチド	細胞膜	ステロイド	細胞質
⑦	アミン	細胞質	ステロイド	細胞膜
⑧	アミン	細胞膜	ステロイド	細胞質
⑨	アミン	細胞質	ペプチド	細胞膜

問9 次の図はヒトの左目の眼球の水平断面を上から描いたものである。次の問い(1),(2)に答えなさい。

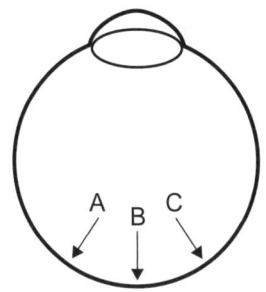

(1) 盲斑と黄斑は図中の A, B, C のどれか。正しい組み合わせを次の①〜⑥の中から一つ選びなさい。　10

	盲斑	黄斑
①	A	B
②	B	A
③	A	C
④	C	A
⑤	B	C
⑥	C	B

(2) 眼球運動にかかわる中枢として正しいものを，次の①〜⑥の中から一つ選びなさい。　11

① 大脳　　② 間脳　　③ 中脳　　④ 小脳　　⑤ 延髄　　⑥ 脊髄

問10 シュペーマンは色の異なるスジイモリとクシイモリを用い，次の実験を行った。予定運命に関する問い(1)，(2)に答えなさい。

実験Ⅰ 初期原腸胚どうしで次の図に示すA域の一部とB域の一部を交換移植した。
実験Ⅱ 後期原腸胚で実験Ⅰと同じ交換移植した。
実験Ⅲ 初期神経胚で実験Ⅰと同じ交換移植した。

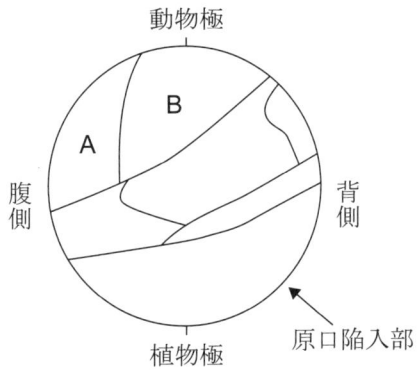

(1) 実験Ⅰの結果から移植片AとBの予定運命はどうなるか。正しいものを次の①～④の中から一つ選びなさい。　　12

① Aは移植先のBの予定運命の組織に，Bは移植先のAの予定運命の組織になった。
② Aは移植先のBの予定運命の組織になったが，Bは予定運命どおりの組織になった。
③ Aは予定運命どおりの組織になったが，Bは移植先のAの予定運命の組織になった。
④ AとBはそれぞれの予定運命どおりの組織になった。

(2) 実験Ⅲの結果から移植片AとBの予定運命はどうなるか。正しいものを次の①～④の中から一つ選びなさい。　　13

① Aは移植先のBの予定運命の組織に，Bは移植先のAの予定運命の組織になった。
② Aは移植先のBの予定運命の組織になったが，Bは予定運命どおりの組織になった。
③ Aは予定運命どおりの組織になったが，Bは移植先のAの予定運命の組織になった。
④ AとBはそれぞれの予定運命どおりの組織になった。

問11 次の行動のうち，生得的行動に**当てはまらないもの**を，次の①～④の中から一つ選びなさい。　　14

① ガが，光に対して正の走性を示す。
② イトヨの雄が，下半分を赤く塗った魚の模型を攻撃する。
③ 発育初期のカモのひなが，動く赤いボールの後についていく。
④ フクロウが，左右の耳の高さの違いを利用して上下方向の音源定位を行う。

問12 ある純系でない動物 ($2n=12$) の精子は染色体の組み合わせが理論上何通り存在するか。最も適切なものを，次の①～⑧の中から一つ選びなさい。ただし，配偶子形成過程で乗換えがおこらないと仮定する。　　15

① 24　　② 36　　③ 48　　④ 64
⑤ 128　　⑥ 144　　⑦ 256　　⑧ 1024

第9回　実戦問題

問13　バイオテクノロジーに関する次の文a～eのうち，適切なものの組み合わせを，下の①～⑦から一つ選びなさい。　16

a　遺伝子組換え作物は主に農作物の生産効率を上げるために開発された。

b　アグロバクテリウムは植物の細胞融合を引きおこす性質がある。

c　遺伝子導入や細胞融合にはウイルスが用いられる場合がある。

d　遺伝子組換え生物は研究用であり，食品として利用されることはない。

e　バイオテクノロジーにおける生命倫理および安全性についての課題はすべて解決された。

① a, b　　② a, c　　③ b, c　　④ b, d
⑤ c, d　　⑥ c, e　　⑦ d, e

問14 地球環境の変化につれて、生物界が変遷してきた。地質時代に関する次の問い(1), (2)に答えなさい。

(1) 次の文章を読み、文中の空欄 a ～ c に当てはまる語句との組み合わせとして、正しいものを次の①～⑧の中から一つ選びなさい。 17

　シアノバクテリアなどの出現によって、大気中の a は次第に増加していった。さらに、紫外線のはたらきによって、その一部が b に変わり、大気圏上層に層になって形成されていった。これにより、生物に有害な紫外線を吸収するため、生物が c でも生活できる環境を形成するのに役立ったと考えられている。

	a	b	c
①	酸素	オゾン	陸上
②	酸素	オゾン	海洋
③	酸素	窒素	陸上
④	酸素	窒素	海洋
⑤	二酸化炭素	オゾン	陸上
⑥	二酸化炭素	オゾン	海洋
⑦	二酸化炭素	窒素	陸上
⑧	二酸化炭素	窒素	海洋

(2) シアノバクテリアが大量に出現した時期として考えられる年代を，次の①〜⑧の中から一つ選びなさい。　18

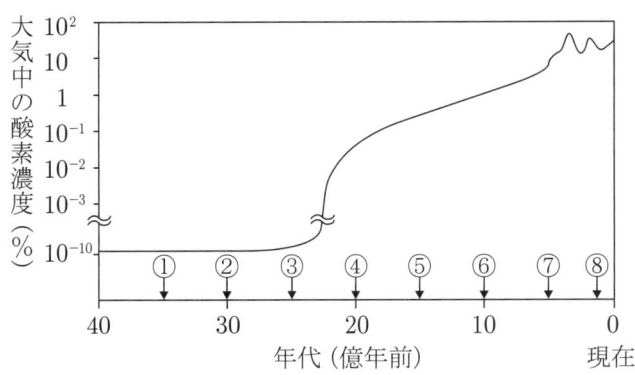

第10回

実戦問題
解答時間 35分

正解と得点分布図確認

QRコードを読み取ってオンライン解答用紙に解答を記入し、正解と得点分布を確認してください。

生物

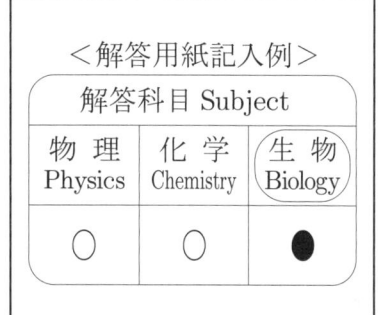

問1　細胞について述べた文として最も適切なものを，次の①〜⑤の中から一つ選びなさい。

1

① 中心体は物質の分泌に関与する。
② ゴルジ体は植物細胞で発達して内部に細胞液を蓄積する。
③ 葉緑体にはアントシアンなどの色素が含まれる。
④ 細胞質基質は細胞の液体部分であり，細胞小器官は含まない。
⑤ 核と細胞質基質を合わせた部分を原形質という。

第10回　実戦問題

問2　筋収縮について述べた文として最も適切なものを，次の①～④の中から一つ選びなさい。

2

① 骨格筋に接続する神経に十分な強さの短い電気刺激を1回与えると，強縮がみられる。
② 骨格筋に接続する神経に強さを変えて電気刺激を与えると，収縮の強さは全か無かの法則に従う。
③ 骨格筋に刺激を与えてから筋収縮が始まるまでの時期を，弛緩期という。
④ 筋繊維が収縮をおこす最小限の刺激の強さを閾値といい，閾値はふつう筋繊維ごとに異なっている。

問3 次の図はDNAの構造を模式的に示したものである。図中のAとBの名称として正しいものを，次の①～⑧の中から一つ選びなさい。　3

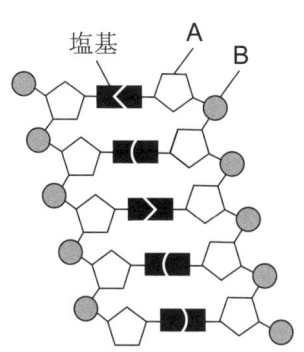

	A	B
①	デオキシリボース	リン酸
②	デオキシリボース	アミノ酸
③	リボース	リン酸
④	リボース	アミノ酸
⑤	リン酸	デオキシリボース
⑥	アミノ酸	デオキシリボース
⑦	リン酸	リボース
⑧	アミノ酸	リボース

問4 セントラルドグマは遺伝情報が遺伝子からタンパク質へと順に伝達されるという概念である。次の文は，セントラルドグマについて述べたものである。文中の空欄 a ～ c に当てはまる語句の正しい組み合わせを，下の①～⑨の中から一つ選びなさい。

4

DNAの遺伝情報は，真核生物では核内でmRNAに写し取られる。この過程は a とよばれる。その後，mRNAは細胞質に移動し，細胞質ではmRNAの情報をもとに多数の b がつながりタンパク質となる。この過程は c とよばれる。

	a	b	c
①	複製	アミノ酸	翻訳
②	複製	ヌクレオチド	転写
③	複製	アミノ酸	転写
④	転写	ヌクレオチド	複製
⑤	転写	アミノ酸	翻訳
⑥	転写	ヌクレオチド	翻訳
⑦	翻訳	アミノ酸	複製
⑧	翻訳	ヌクレオチド	複製
⑨	翻訳	ヌクレオチド	転写

問5 ラクトースオペロンについて述べた文として**誤っているもの**を，次の①〜⑤の中から一つ選びなさい。　5

① ジャコブとモノーによって提唱された。
② 大腸菌をもとにして考えられた遺伝子発現の調節のしくみである。
③ リプレッサーが存在しなくなると，ラクトース分解酵素が合成される。
④ ラクトースオペロンは真核生物にも存在する。
⑤ オペレーターの塩基配列に突然変異が起きると，ラクトース分解酵素が常に合成される場合がある。

問6 神経系において情報を伝達する役割を行うのはニューロンである。ニューロンに関する次の問い(1), (2)に答えなさい。

(1) 刺激を受けていないニューロンの細胞内外の帯電の特徴及びイオン濃度差の説明として，最も適切なものを，次の①〜⑧の中から一つ選びなさい。　6

	細胞外			細胞内		
	ナトリウムイオン(Na^+)の濃度	カリウムイオン(K^+)の濃度	帯電の特徴	Na^+濃度	K^+濃度	帯電の特徴
①	高い	低い	正に帯電	高い	低い	負に帯電
②	高い	低い	負に帯電	高い	低い	正に帯電
③	高い	低い	正に帯電	低い	高い	負に帯電
④	高い	低い	負に帯電	低い	高い	正に帯電
⑤	低い	高い	正に帯電	低い	高い	負に帯電
⑥	低い	高い	負に帯電	低い	高い	正に帯電
⑦	低い	高い	正に帯電	高い	低い	負に帯電
⑧	低い	高い	負に帯電	高い	低い	正に帯電

(2) 神経伝達においてリークチャネルのはたらきが重要である。リークチャネルの漏洩するイオンの種類，方向及び刺激を受けた後の状態についての説明として，最も適切なものを，次の①〜⑧の中から一つ選びなさい。　7

	イオンの種類	方向	状態
①	Na^+	細胞内から細胞外へ	開く
②	Na^+	細胞内から細胞外へ	閉じる
③	Na^+	細胞外から細胞内へ	開く
④	Na^+	細胞外から細胞内へ	閉じる
⑤	K^+	細胞内から細胞外へ	開く
⑥	K^+	細胞内から細胞外へ	閉じる
⑦	K^+	細胞外から細胞内へ	開く
⑧	K^+	細胞外から細胞内へ	閉じる

問7 ヒトの脳のはたらきについて説明した文として正しいものの組み合わせを，下の①〜⑦の中から一つ選びなさい。　**8**

　　a　大脳は，自律神経や内分泌系の統合的中枢である。
　　b　中脳は，眼球運動の中枢である。
　　c　小脳は，体の平衡を保持する中枢である。
　　d　間脳は，視覚や聴覚などの中枢である。
　　e　延髄は，骨格筋などの随意運動の中枢である。

　　① a, b　　　② a, c　　　③ b, c　　　④ b, d
　　⑤ c, d　　　⑥ c, e　　　⑦ d, e

問8 腎臓は，血液から老廃物や余分な水分をろ過し，再吸収を経て尿を生成する，泌尿器系の器官の一つである。腎臓に関する次の問い(1)，(2)に答えなさい。

(1) ボーマンのうにろ過された原尿にあるグルコースは，比較的初期の段階で再吸収される。また，腎臓には正常な血糖値よりも約2倍のグルコース量を再吸収することができる。腎臓におけるグルコースの再吸収量を表す曲線として最も適切なものを，次の①～⑤の中から一つ選びなさい。 9

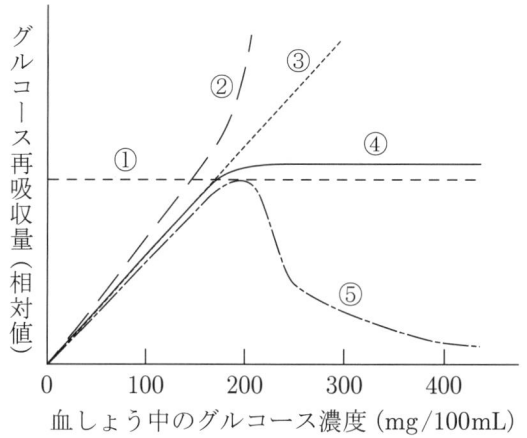

(2) 腎臓における水の再吸収について述べた文として最も適切なものを，次の①～④の中から一つ選びなさい。 10

① 細尿管内よりも毛細血管内の浸透圧が高いため，能動輸送により水が細尿管から毛細血管へ移動する。
② 細尿管内よりも毛細血管内の浸透圧が高いため，受動輸送により水が細尿管から毛細血管へ移動する。
③ 細尿管内よりも毛細血管内の浸透圧が低いため，能動輸送により水が細尿管から毛細血管へ移動する。
④ 細尿管内よりも毛細血管内の浸透圧が低いため，受動輸送により水が細尿管から毛細血管へ移動する。

問9 野生型のある遺伝子とその突然変異型の遺伝子から合成された mRNA およびタンパク質をそれぞれ精製し，電気泳動を行った。実験の結果は次の図に示す。この結果からは**考えられない変異**として最も適切なものを，次の①〜⑤の中から一つ選びなさい。 | 11 |

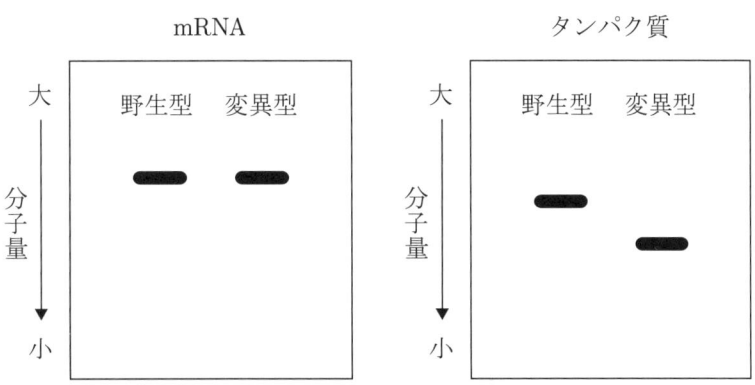

① 塩基の置換によるアミノ酸の置換
② 欠失によるコドンの読み枠の変更
③ 挿入によるコドンの読み枠の変更
④ mRNA において終止コドンの消失
⑤ mRNA において新たな終止コドンの発生

問10 おしべの葯の中には多数の花粉母細胞が分化し，それぞれ4つの細胞からなる花粉四分子を形成する。その後，核分裂を行い，次の図に示したような成熟した花粉になる。図中のaの細胞とbの核の名称と，後ほど卵細胞と受精する核として正しいものの組み合わせを，下の①～⑧の中から一つ選びなさい。 12

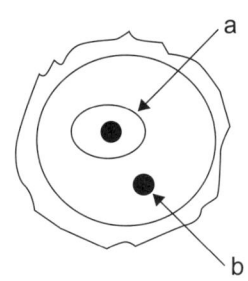

	a	b	卵細胞と受精する核
①	雄原細胞	極核	a
②	雄原細胞	極核	b
③	雄原細胞	花粉管核	a
④	雄原細胞	花粉管核	b
⑤	花粉管細胞	極核	a
⑥	花粉管細胞	極核	b
⑦	花粉管細胞	花粉管核	a
⑧	花粉管細胞	花粉管核	b

問11 植物の芽生えについて述べた文として正しいものを，次の①～④の中から一つ選びなさい。 13

① 茎は正の重力屈性と正の光屈性を示し，根は負の重力屈性と負の光屈性を示す。
② 茎は正の重力屈性と負の光屈性を示し，根は負の重力屈性と正の光屈性を示す。
③ 茎は負の重力屈性と正の光屈性を示し，根は正の重力屈性と負の光屈性を示す。
④ 茎は負の重力屈性と負の光屈性を示し，根は正の重力屈性と正の光屈性を示す。

問12 次の図に示すように，さまざまな時期のカエルの胚から「ある領域」を切り出し，同じ胚の外胚葉で包んで培養した。次の問い(1)，(2)に答えなさい。

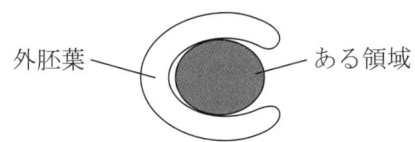

(1) 外胚葉の一部分が誘導され，筋肉や骨などの中胚葉組織に分化した場合，実験で切り出した「ある領域」は，どの時期の胚のどの部分であったと考えられるか。正しいものを次の①～⑥の中から一つ選びなさい。　14

	時期	部分
①	胞胚期	予定内胚葉域
②	原腸胚期	予定内胚葉域
③	胞胚期	原口背唇部
④	原腸胚期	原口背唇部
⑤	原腸胚期	眼胞
⑥	尾芽胚期	眼胞

(2) 外胚葉の一部分が誘導され，水晶体に分化した場合，実験で切り出した「ある領域」は，どの時期の胚のどの部分であったと考えられるか。正しいものを次の①～⑥の中から一つ選びなさい。　15

	時期	部分
①	胞胚期	予定内胚葉域
②	原腸胚期	予定内胚葉域
③	胞胚期	原口背唇部
④	原腸胚期	原口背唇部
⑤	原腸胚期	眼胞
⑥	尾芽胚期	眼胞

問13　生態系における物質循環について述べた文として**誤っているもの**を，次の①〜④の中から一つ選びなさい。　　16

① 生産者は生態系に流れ込む太陽の光エネルギーを利用して有機物を生産する。
② エネルギーは食物連鎖を通して，生産者から消費者へと移動し，生態系内を循環している。
③ 生産者や消費者の枯死体，遺体，排出物中のタンパク質などは菌類，細菌類によって分解され，アンモニウムイオンになる。
④ 枯死量の小さい幼齢林では純生産量の大部分が成長量になるが，枯死量の大きい高齢林では，純生産量のうち成長量にまわる量は少ない。

第10回 実戦問題

問14 ヒトの祖先は，中生代の末期に原始的な食虫類から進化した霊長類であった。次の文は，霊長類とヒトの進化について述べたものである。文中の空欄 a ～ c に当てはまる語句の正しい組み合わせを，下の①～⑧の中から一つ選びなさい。 17

　新生代に現れた霊長類は，両眼視の範囲が a ，親指が他の指と向かい合うなどの点で他のほ乳類とは異なる特徴を持っていた。これらの特徴は，もともと b での生活に適応して発達したものであった。約400万年前に現れた c は，大後頭孔の位置から推測すると，直立二足歩行が可能だったと考えられている。

	a	b	c
①	広く	樹上	アウストラロピテクス
②	広く	樹上	ホモ・サピエンス
③	広く	草原	アウストラロピテクス
④	広く	草原	ホモ・サピエンス
⑤	狭く	樹上	アウストラロピテクス
⑥	狭く	樹上	ホモ・サピエンス
⑦	狭く	草原	アウストラロピテクス
⑧	狭く	草原	ホモ・サピエンス

問15 群れで生活する動物の中には，個体間に序列があり，この個体間の優劣関係を順位という。次の表は，あるニホンザルの集団における個体間のマウンティングの関係を示したものである。この集団内の順位として最も適切なものを，下の①～⑦の中から一つ選びなさい。　18

マウンティングした個体	マウンティングされた個体
A	B C D E F G
B	C D E F G
C	B D E F G
D	E F G
E	F G
F	G
G	

　　　　（上位）　←　順位　→　（下位）

① A＞B＞C＞D＞E＞F＞G
② A＝B＞C＞D＞E＞F＞G
③ A＞B＝C＞D＞E＞F＞G
④ A＞B＝C＝D＞E＞F＞G
⑤ A＞B＝C＝D＝E＞F＞G
⑥ A＞B＝C＞D＝E＞F＞G
⑦ A＞B＞C＞D＞E＞F＝G

生物の問題はこれで終わりです。解答欄の　19　～　75　はマークしないでください。
解答用紙の科目欄に「生物」が正しくマークしてあるか，もう一度確かめてください。

この問題冊子を持ち帰ることはできません。

Answer Sheet
解答用紙

日本留学試験模擬試験
EJU Simulation Test for International Students
理科 解答用紙　SCIENCE ANSWER SHEET

理科　SCIENCE

【裏　REVERSE SIDE】

The Correct Answer
正解表

正解表

第1回

問	解答欄	正解
問1	1	**3**
問2	2	**4**
問3	3	**2**
問4	4	**1**
問5	5	**4**
	6	**5**
問6	7	**5**
問7	8	**4**
問8	9	**4**
問9	10	**4**
問10	11	**1**
問11	12	**2**
問12	13	**5**
問13	14	**4**
問14	15	**6**
問15	16	**3**
	17	**5**
問16	18	**1**

第2回

問	解答欄	正解
問1	1	**6**
問2	2	**4**
問3	3	**5**
問4	4	**1**
問5	5	**3**
問6	6	**6**
問7	7	**5**
問7	8	**3**
問8	9	**5**
問9	10	**7**
問10	11	**1**
問10	12	**1**
問11	13	**4**
問12	14	**3**
問13	15	**4**
問13	16	**3**
問14	17	**4**
問15	18	**6**

正解表

第3回

問	解答欄	正解
問1	1	**3**
問2	2	**5**
問3	3	**6**
問4	4	**3**
問4	5	**2**
問5	6	**2**
問6	7	**5**
問7	8	**7**
問8	9	**3**
問9	10	**4**
問9	11	**5**
問10	12	**2**
問11	13	**8**
問12	14	**3**
問13	15	**2**
問14	16	**5**
問14	17	**4**
問15	18	**1**

第4回

問	解答欄	正解
問1	1	**3**
問2	2	**1**
問3	3	**2**
	4	**6**
問4	5	**2**
問5	6	**1**
	7	**2**
問6	8	**3**
問7	9	**1**
問8	10	**3**
問9	11	**2**
問10	12	**1**
問11	13	**1**
問12	14	**5**
問13	15	**2**
問14	16	**3**
	17	**5**
問15	18	**3**

正解表

第5回

問	解答欄	正解
問1	1	1
問2	2	3
問3	3	7
	4	9
問4	5	8
	6	4
問5	7	5
問6	8	4
問7	9	1
問8	10	4
	11	5
問9	12	1
問10	13	2
問11	14	5
問12	15	3
問13	16	9
問14	17	3
問15	18	5

第6回

問	解答欄	正解
問1	1	**4**
問2	2	**5**
問3	3	**4**
問4	4	**6**
問5	5	**3**
問6	6	**3**
問7	7	**5**
問8	8	**3**
問9	9	**4**
問10	10	**1**
	11	**3**
問11	12	**3**
問12	13	**3**
	14	**3**
問13	15	**3**
問14	16	**3**
問15	17	**3**
問16	18	**2**

第7回

問	解答欄	正解
問1	1	4
	2	1
問2	3	1
問3	4	6
問4	5	3
問5	6	4
問6	7	2
	8	5
問7	9	3
問8	10	7
問9	11	4
問10	12	2
問11	13	9
問12	14	1
問13	15	5
問14	16	4
問15	17	3
問16	18	2

第8回

問	解答欄	正解
問1	1	**2**
問2	2	**3**
問3	3	**2**
問4	4	**5**
問5	5	**4**
問6	6	**2**
問7	7	**5**
問8	8	**6**
問9	9	**2**
問9	10	**5**
問10	11	**3**
問11	12	**2**
問12	13	**3**
問12	14	**6**
問13	15	**4**
問13	16	**2**
問14	17	**5**
問15	18	**2**

第9回

問	解答欄	正解
問1	1	**5**
	2	**5**
問2	3	**3**
問3	4	**3**
問4	5	**5**
問5	6	**1**
問6	7	**6**
問7	8	**5**
問8	9	**1**
問9	10	**6**
	11	**3**
問10	12	**1**
	13	**4**
問11	14	**3**
問12	15	**4**
問13	16	**2**
問14	17	**1**
	18	**3**

第10回

問	解答欄	正解
問1	1	**4**
問2	2	**4**
問3	3	**1**
問4	4	**5**
問5	5	**4**
問6	6	**3**
	7	**5**
問7	8	**3**
問8	9	**4**
	10	**2**
問9	11	**4**
問10	12	**3**
問11	13	**3**
問12	14	**1**
	15	**6**
問13	16	**2**
問14	17	**1**
問15	18	**3**

Commentary

解説

解説

＊難易度と頻出度については，名校志向塾における研究と分析を基に記載しております。

第1回

問1 $\boxed{1}$ ATP
Point タンパク質の合成，ホタルの発光，筋収縮，解糖系にはATPが必要である。酵素と基質の反応にはATPが必要とは限らない。
難易度 ★
頻出度 ★★

問2 $\boxed{2}$ 生体物質
Point ジスルフィド結合（S－S結合）はアミノ酸のうちシステインの特定のペアが酸化され形成される。
難易度 ★★
頻出度 ★★

問3 $\boxed{3}$ 細胞小器官
Point グルコースの分解の最初段階となる解糖系は細胞の細胞質基質で行われる。
難易度 ★
頻出度 ★★☆

問4 $\boxed{4}$ 光合成
Point C_4植物では，C_4化合物は葉肉細胞内で作られ，維管束鞘細胞に輸送される。C_4化合物を合成する酵素反応より，カルビン・ベンソン回路の方が高濃度の二酸化炭素を必要とする。CAM植物では，C_4化合物は夜間に合成され，液胞に蓄えられる。
難易度 ★★★
頻出度 ☆

問5 $\boxed{5}$ $\boxed{6}$ 分子遺伝
Point 転写においてRNA合成の鋳型となったDNA鎖をアンチセンス鎖，鋳型とならなかった方のDNA鎖をセンス鎖という。
難易度 ★☆
頻出度 ★★★

問6 $\boxed{7}$ 恒常性
Point 体温調節における交感神経による調節と，ホルモンによる調節をしっかりと理解しよう。
難易度 ★
頻出度 ★★★

問7 $\boxed{8}$ 酸素解離曲線
Point ミオグロビンはヘモグロビンより，酸素との結合力が強いため，末梢においても大量の酸素と結合する。
難易度 ★★
頻出度 ★★

問8 $\boxed{9}$ 光受容体
Point クリプトクロムは花芽形成，伸長に関与する。フォトトロピンは気孔の開閉，光屈性に関与する。フィトクロムは花芽形成に関与する。
難易度 ★
頻出度 ★★☆

問9 $\boxed{10}$ 腎臓
Point ネフロンの構造や尿の形成などについておさえておこう。図中のaは腎小体，bは細尿管，cは集合管である。
難易度 ★★
頻出度 ★★

問10 $\boxed{11}$ 受容器
Point 錐体細胞は網膜の中央部の黄斑に集中して存在し，桿体細胞は黄斑以外の周辺部に分布している。また，盲斑では光を受容する視細胞が存在しない。
難易度 ★
頻出度 ★★☆

問11 $\boxed{12}$ 減数分裂
Point 体細胞分裂には見られない生殖細胞に特徴的な染色体の挙動とは，減数第一分裂前期に起こる相同染色体の対合のことである。

難易度 ★
頻出度 ★★

問12 13 遺伝問題
Point
組換え価＝組換えによって生じた個体数／検定交雑によって得られる総個体数×100%

難易度 ★☆
頻出度 ★★

問13 14 動物ホルモン
Point ホルモンは直接血管に分泌され，ごく微量でも作用できる。

難易度 ★
頻出度 ★☆

問14 15 生存曲線
Point A型は晩死型で，幼齢時の死亡率が低く，老齢時の死亡率が高い。B型は平均型で，年齢ごとの死亡率がほぼ一定である。Cは早死型で，幼齢期の死亡率が高く，多数の卵や子を産む。

難易度 ★☆
頻出度 ★★☆

問15 16 17 収量一定の法則
Point 個体群密度の増加によって個体群の成長速度が抑えられる。よって，個体群密度が程度増えれば，個体の平均質量が小さくなる。

難易度 ★★★
頻出度 ★★

問16 18 系統樹
Point 旧口動物は，脱皮して成長する脱皮動物と脱皮しないで成長する冠輪動物に大別される。棘皮動物の成体は，五放射相称のものが多い。原索動物と脊椎動物は発生の途中で脊索をもつなどの共通点が多いため，両者は共通の祖先から分化し，近縁の動物群であると考えられている。

難易度 ★★★
頻出度 ☆

第2回

問1 1 アミノ酸
Point アミノ酸は，中心炭素にカルボキシル基とアミノ基と側鎖が結合している。その性質は側鎖によって決まる。

難易度 ★
頻出度 ★★

問2 2 顕微鏡
Point 標本の実際の大きさを計算する時，まず接眼ミクロメーターの1目盛りの長さを計算する。

難易度 ★★★
頻出度 ★

問3 3 細胞小器官
Point ミトコンドリアと葉緑体はいずれも細胞内共生で生じ，独自のDNAを持ち，分裂で増殖する。また，いずれも水素イオンの濃度勾配を利用してATPを合成する。

難易度 ★
頻出度 ★★★

問4 4 窒素同化
Point 植物の窒素同化のしくみ（窒素源の吸収，硝酸イオンの還元やグルタミンの合成，さまざまなアミノ酸の生成など）を覚えよう。

難易度 ★★
頻出度 ★★☆

問5 5 赤血球
Point 血液の組成とはたらきをしっかりおさえておこう。ヒトの赤血球は無核で，寿命が約120日である。

難易度 ★☆
頻出度 ★★☆

問6 6 循環系
Point 肺から組織器官へ流れる血液には酸素ヘモグロビンが多く存在する。

難易度 ★★
頻出度 ★★

解説

問7 [7][8] 膜電位
Point 期間Bでは，電位依存性ナトリウムチャネルが開いてNa^+が細胞外から細胞内に流入する。期間Cでは，電位依存性カリウムチャネルが開いてK^+が細胞内から細胞外に流出する。
難易度 ★★★
頻出度 ★

問8 [9] 植物ホルモン
Point ジベレリンは細胞が縦方向に，エチレンは細胞が横方向に成長しやすいようにする。オーキシンは細胞をセルロースの繊維どうしの間が広がる方向に成長させる。
難易度 ★★★
頻出度 ★

問9 [10] ウニの受精
Point 精子と卵の細胞膜が融合すると，卵の表面に活動電位が生じる。この活動電位により早い多精拒否が起こる。
難易度 ★★★
頻出度 ★☆

問10 [11][12] 抑制遺伝子
Point 独立に遺伝する2対の対立遺伝子のうち，一方の優性遺伝子が他方の優性遺伝子のはたらきを抑制する場合，前者を抑制遺伝子という。
難易度 ★
頻出度 ★★☆

問11 [13] PCR
Point DNAの塩基の相補的対合においては，AとT，GとCがそれぞれ対をつくって結合する。DNA合成の方向は5′末端 → 3′末端であることに注意する。
難易度 ★☆
頻出度 ★★

問12 [14] 免疫
Point 体液性免疫と細胞性免疫についておさえておこう。抗原と結合する部位は可変部である。
難易度 ★
頻出度 ★★★

問13 [15][16] 標識再捕獲法
Point
$$全個体数 = \frac{標識個体数 \times 再捕獲個体数}{再捕獲標識個体数}$$
難易度 ★
頻出度 ★☆

問14 [17] 外来種
Point 外来種とは時期，意図を問わず，導入して元の領域以外に生息する生物種のことである。
難易度 ★
頻出度 ★☆

問15 [18] 地質時代
Point 地質時代区分と生物の変遷についての知識をしっかりと覚えよう。
難易度 ★★★
頻出度 ★★★

第3回

問1 [1] 生体物質
Point 炭水化物，脂質やタンパク質，核酸など生物を構成する物質について詳しく把握しよう。
難易度 ★
頻出度 ★★★

問2 [2] 細胞骨格
Point キネシンは微小管の中心体から遠ざかる方向に，ダイニンは中心体に向かう方向へ微小管上を移動する。
難易度 ★★★
頻出度 ☆

問3 [3] 筋組織
Point 心筋は単核の横紋筋である。
難易度 ★☆
頻出度 ★★☆

問4 [4][5] ATP
Point ATPからリン酸が1個はずれてADPになる時にはエネルギーが放出される。逆に，

ADPとリン酸からATPが合成される際にはエネルギーが必要である。
- 難易度 ☆
- 頻出度 ★★★

問5 ⑥ 分子遺伝
Point 片方のDNA鎖が鋳型となって，もう一方の新しい鎖が合成される。このような複製のしかたを半保存的複製という。
- 難易度 ★☆
- 頻出度 ★★★

問6 ⑦ 恒常性
Point 血糖値は運動時には若干低下するが，食事後は一旦上昇してまた元の水準に戻る。
- 難易度 ★
- 頻出度 ★★

問7 ⑧ 神経系
Point 自律神経は間脳によって支配され，意識的にはたらかせることはできない。また，交感神経の節後線維の末梢からはノルアドレナリンを，副交感神経からはアセチルコリンを分泌される。
- 難易度 ★★
- 頻出度 ★★★

問8 ⑨ 動物行動
Point 無害な刺激に対して反応しなくなる現象を慣れという。
- 難易度 ★
- 頻出度 ★

問9 ⑩⑪ 神経筋標本
Point a→cは神経上で興奮の伝導が行われる。c→神経筋接合部はシナプスがあるため，興奮の伝達が行われる。また，単位に注意しよう。
- 難易度 ★★☆
- 頻出度 ★★

問10 ⑫ 循環系
Point 血管の名前，各器官や動脈と静脈，動脈血と静脈血など血管系の模式図を覚えよう。
- 難易度 ★★
- 頻出度 ★★★

問11 ⑬ 植物ホルモン
Point 各植物ホルモンのはたらきを覚えよう。
- 難易度 ★
- 頻出度 ★★★

問12 ⑭ 体細胞分裂
Point 分裂の中期で分裂を停止させると，紡錘系形成が阻害され，染色体が分離されなくなり，4nのまま維持する。
- 難易度 ★☆
- 頻出度 ★☆

問13 ⑮ 遺伝問題
Point 独立に遺伝する2対の対立遺伝子のうち，一方の優性遺伝子が他方の優性遺伝子のはたらきを抑制する場合，前者を抑制遺伝子という。
- 難易度 ★★
- 頻出度 ★★☆

問14 ⑯⑰ 物質循環
Point 炭素は，光合成によって大気から生物界に取り込まれ，呼吸によって生物界から大気へ戻されることで循環する。
- 難易度 ★
- 頻出度 ★★☆

問15 ⑱ 進化
Point 擬態，共進化や適応放散，遺伝的浮動，分子進化などの生物の進化に関連する用語の意味を把握しよう。
- 難易度 ★★☆
- 頻出度 ★★

第4回

問1 ① 生体物質
Point ヌクレオチドからリン酸を取り除いたものをヌクレオシドという。
- 難易度 ★
- 頻出度 ★★★

解説

問2 [2] 細胞膜
Point 選択的透過性には，受動輸送と能動輸送がある。膜タンパク質が受動輸送と能動輸送に関与する。
難易度 ☆
頻出度 ★★

問3 [3][4] 光合成
Point ヒルの実験では，シュウ酸鉄(Ⅲ)を加えると，鉄イオンが電子を受け取り，再びチラコイドでの反応が開始し，酸素が発生する。この実験から，植物体内における電子受容体は$NADP^+$であることが判明した。
難易度 ★★★
頻出度 ☆

問4 [5] 植物
Point 陰生植物の光補償点より強く，そして見かけの光合成速度が「陰生植物＞陽生植物」となる光の強さに注目しよう。
難易度 ★☆
頻出度 ★★

問5 [6][7] 反射弓
Point しつがい腱反射の中枢は脊髄で，屈筋反射の中枢は介在神経である。
難易度 ★★
頻出度 ★☆

問6 [8] 発生
Point 胞胚の内部では，卵割腔が発達して大きくなり胞胚腔ができる。
難易度 ★☆
頻出度 ★☆

問7 [9] 動物行動
Point 無条件刺激とともに条件刺激を繰り返し与えると，条件刺激だけでも反射が起こるようになる。これを条件反射，もしくは古典的条件付けという。
難易度 ★☆
頻出度 ★

問8 [10] 免疫
Point 血清療法は一時的に有効で，それに用いられる血清は血液から血球成分とフィブリノーゲンを取り除いた部分である。
難易度 ★★
頻出度 ★★★

問9 [11] 動物生理
Point 夜盲症とは，かん体細胞の機能の異常によって暗順応が障害され，夜や暗い所で見えにくい病気である。
難易度 ★★☆
頻出度 ★☆

問10 [12] 被子植物の生殖
Point 花粉母細胞$(2n)$が減数分裂を行い，花粉四分子(n)となる。
難易度 ★
頻出度 ★★☆

問11 [13] 染色体地図
Point 遺伝子間の組換え価は，染色体における遺伝子の距離に比例する。
難易度 ★
頻出度 ★★☆

問12 [14] バイオテクノロジー
Point 遺伝子組換え，クローン，細胞融合などのバイオテクノロジーに関連する用語の意味と，その技術の手法を把握しよう。
難易度 ★★
頻出度 ★★★

問13 [15] 生物濃縮
Point 疎水性が高く，代謝を受けにくい化学物質が生物体内の脂質中などに蓄積されやすく，食物連鎖を経て上位捕食者ほど濃度が上昇することを生物濃縮という。
難易度 ★☆
頻出度 ★

問14 [16][17] バイオーム
Point 暖かさの指数と世界の気候とバイオームの分布について理解しよう。
難易度 ★★★
頻出度 ★★

問15 18 旧口動物
Point 旧口動物には，扁形動物，輪形動物，環形動物，軟体動物，線形動物，節足動物などがある。
難易度 ★★★
頻出度 ★

第5回

問1 1 酵素
Point 制限酵素がDNAの切断，アミラーゼがデンプンの分解，トロンビンがタンパク質の分解にはたらく。
難易度 ★★
頻出度 ★★

問2 2 細胞小器官
Point 葉緑体は異質二重膜を持ち，チラコイドが多数含まれている小器官である。
難易度 ★
頻出度 ★★

問3 3 4 細胞接着
Point 細胞間接着は主に4種類があり，a密着結合，b接着結合，cデスモソーム，dギャップ結合である。デスモソームは中間径フィラメントに結合する。
難易度 ★★★
頻出度 ☆

問4 5 6 呼吸
Point 好気呼吸は解糖系，クエン酸回路，電子伝達系から構成される。1分子のグルコースから最大38分子のATPが作られる。
難易度 ★
頻出度 ★★★

問5 7 免疫
Point B細胞について詳しく知っておこう。拒絶反応は細胞性免疫のT細胞に関与する。
難易度 ★
頻出度 ★★

問6 8 植物生理
Point 短日植物と長日植物の定義，限界暗期や短日処理，長日処理，光中断などの用語の意味をしっかり把握しよう。
難易度 ★★
頻出度 ★★

問7 9 PCR
Point 過程Ⅰ 92～97℃まで加熱し，2本鎖DNAが1本鎖になる。
過程Ⅱ 60℃まで冷却し，プライマーを加える。
過程Ⅲ 72℃に加熱し，耐熱性DNAポリメラーゼを加える。
難易度 ★
頻出度 ★★

問8 10 11 腎臓
Point
$$濃縮率 = \frac{尿中の濃度}{血しょう中の濃度}$$
難易度 ★★☆
頻出度 ★★★

問9 12 血糖調節
Point 血糖値調節のしくみをおさえておこう。血糖の変化が感知できる器官は間脳とすい臓ランゲルハンス島の細胞である。
難易度 ★★
頻出度 ★★★

問10 13 卵割
Point 卵割と通常の体細胞分裂の共通点として，間期にDNAが複製されることや，分裂期に染色質が凝縮し棒状の染色体になること，分裂後の細胞は同じ遺伝情報をもつことなどがあげられる。
難易度 ★
頻出度 ★

問11 14 遺伝問題
Point 遺伝子頻度とは，ある集団における各々の対立遺伝子の相対的頻度のことである。
難易度 ★★☆
頻出度 ★

解説

問12 15 反射弓
Point 刺激を受けてから反射が起こるまでの興奮経路を反射弓という。
難易度 ★
頻出度 ★

問13 16 窒素循環
Point 窒素の物質循環について覚えよう。窒素化合物からアミノ酸，ATP，クロロフィルなどが合成できる。
難易度 ★☆
頻出度 ★★★

問14 17 バイオーム
Point 世界のバイオームをしっかり把握しよう。
難易度 ★★☆
頻出度 ★★

問15 18 一次遷移
Point 一次遷移の進み方：裸地 → 荒原（地衣類・コケ植物）→ 草原 → 陽樹の低木林 → 陽樹林 → 陽樹と陰樹の混生林 → 陰樹林（極相林）
難易度 ★☆
頻出度 ★☆

第6回

問1 1 物質輸送
Point アクアポリンは，細胞膜に水を受動輸送するチャネルタンパク質である。
難易度 ★
頻出度 ★☆

問2 2 細胞小器官
Point 細胞小器官の構造上の特徴とそのはたらきについてしっかり把握しよう。
難易度 ★
頻出度 ★★★

問3 3 セントラルドグマ
Point RNAポリメラーゼはDNAの二重らせんをほどき，終結点に向かって移動しながら，ほどけた一方のDNA鎖を鋳型としてRNAに転写する。
難易度 ★
頻出度 ★☆

問4 4 発生
Point Aウニ，Bアフリカツメガエル，Cニワトリ
難易度 ★
頻出度 ★★

問5 5 呼吸
Point 有機物と酸素と水の反応によって，二酸化炭素と水とエネルギーが得られる。
難易度 ★
頻出度 ★☆

問6 6 筋組織
Point 骨格筋の構造と筋繊維の構造，筋原繊維の構造を把握しよう。
難易度 ★★
頻出度 ★☆

問7 7 循環系
Point 肺循環の経路：右心室→肺動脈 → 肺 → 肺静脈 → 左心房
難易度 ★
頻出度 ★☆

問8 8 酸素解離曲線
Point ヘモグロビンは，O_2分圧高CO_2分圧低のところでO_2と結合して酸素ヘモグロビンになる。
難易度 ★★
頻出度 ★★

問9 9 植物ホルモン
Point それぞれの植物ホルモンのはたらきと光屈性，重力屈性のしくみを覚えよう。
難易度 ★
頻出度 ★★★

問10 10 11 免疫
Point 体液性免疫と細胞性免疫のしくみや免疫の応用などをおさえておこう。ヘビ毒を治療する際に，血清療法が用いられる。

解説

難易度 ★
頻出度 ★★★

問11 12 動物ホルモン
Point インスリンは，肝臓や筋肉中から血糖を取り込み，グリコーゲン合成を促進する。また，組織でのグルコースの消費を促進する。
難易度 ★
頻出度 ★★★

問12 13 14 PCR
Point n回のサイクル繰り返すことによって標的DNAを2^n倍に増幅することができる。
難易度 ★★
頻出度 ★

問13 15 伴性遺伝
Point 異なった色覚を持つ人の遺伝子型からほかの人の遺伝型を推定する。
難易度 ★
頻出度 ★☆

問14 16 化学進化
Point ユーリー－ミラーの実験は，原始地球の大気組成と考えられていたメタン，水素，アンモニアを高温，高圧の下でアミノ酸が生じていた。これにより化学進化説が裏付けられた。
難易度 ★★
頻出度 ★☆

問15 17 遷移
Point 光の受光量をめぐる競争が行われる。
難易度 ★
頻出度 ☆

問16 18 ハーディ・ワインベルグの法則
Point 条件：集団が大きい。出入りがない。突然変異がない。自然選択がない。雌雄間の交配が自由に行われる。
難易度 ★★☆
頻出度 ★☆

第7回

問1 1 2 酵素
Point 酵素には，化学反応に必要な活性化エネルギーを低下させるはたらきがある。最適温度を超えるとタンパク質の変性が始まり，酵素のはたらきが低下する。
難易度 ★
頻出度 ★★☆

問2 3 呼吸
Point 乳酸発酵とアルコール発酵の最終産物をおさえておこう。アルコール発酵では二酸化炭素が発生する。
難易度 ★
頻出度 ★★★

問3 4 岡崎フラグメント
Point DNAの複製時に，フォークの部分で3′から5′方向に伸長される鎖をラギング鎖という。
難易度 ★☆
頻出度 ☆

問4 5 細胞骨格
Point アクチンフィラメント，微小管，中間径フィラメントそれぞれのはたらきを把握しよう。
難易度 ★☆
頻出度 ★☆

問5 6 生物の定義
Point ウイルスは自分で複製したり，代謝することができない。
難易度 ☆
頻出度 ★★☆

問6 7 8 血糖調節
Point 副交感神経の伝導より，インスリンの分泌が促進される。糖質コルチコイドはタンパク質をグルコースに変換する。
難易度 ★☆
頻出度 ★★★

問7 9 誘導
Point 外胚葉が内胚葉からのはたらきを受け

解説

て分化し，中胚葉を生じる。このような誘導を中胚葉誘導という。
難易度 ★☆
頻出度 ★★

問8 ⑩ 血液凝固
Point 血液凝固のしくみを把握しよう。血小板，カルシウムイオン，フィブリンが必要となる。
難易度 ★
頻出度 ★★

問9 ⑪ 全か無かの法則
Point 神経繊維は，刺激に対してまったく反応しないか，一定の大きさを超えると反応するかのどちらかである。
難易度 ★☆
頻出度 ★★

問10 ⑫ 動物ホルモン
Point 脳下垂体後葉から分泌されるバソプレシンは，腎臓で水の再吸収を促進する。
難易度 ★
頻出度 ★★★

問11 ⑬ 循環系
Point 尿素は腎臓から排出されている。
難易度 ★
頻出度 ★★★

問12 ⑭ 免疫
Point ヒスタミンはアレルギー反応や炎症の発症にかかわる。
難易度 ★
頻出度 ★★

問13 ⑮ 遺伝問題
Point
組換え価 = $\dfrac{\text{組換えによって生じた個体数}}{\text{検定交雑によって得られる総個体数}} \times 100\%$
難易度 ★★☆
頻出度 ★★☆

問14 ⑯ 植物生理
Point 屈性は刺激の方向に応じて反応する現象である。
難易度 ★
頻出度 ★☆

問15 ⑰ バイオーム
Point 年間平均気温の高い順に：亜熱帯多雨林 → 照葉樹林 → 夏緑樹林 → 針葉樹林
難易度 ★
頻出度 ★★☆

問16 ⑱ エネルギー効率
Point
エネルギー効率(%) = $\dfrac{\text{同化量}}{\text{前段階の同化量}} \times 100$
難易度 ★★☆
頻出度 ★★

第8回

問1 ① タンパク質
Point タンパク質の合成はN末端からC末端への方向で進行する。また，ジスルフィド結合は，2つのシステイン間に形成される。
難易度 ★★☆
頻出度 ★

問2 ② 顕微鏡
Point 標本の実際の大きさを計算する時，まず接眼ミクロメーターの1目盛りの長さを計算する。
難易度 ★★★
頻出度 ★

問3 ③ 体細胞分裂
Point 体細胞分裂の後期には，染色分体が縦の割れ目から2つに分かれて娘染色体となり，紡錘系に引かれて両極に移動する。
難易度 ★
頻出度 ★★

問4 ④ 岡崎フラグメント
Point DNAが複製される時，新しく合成されるポリヌクレオチド鎖は5′末端から3′末端の方向へのみ合成される。フォークの部分で3′から5′方向に伸長される短い断片を岡崎フラグメ

ントという。
難易度 ★★☆
頻出度 ★☆

問5 [5] 光合成
Point 光合成においては，NADPH/H$^+$ が補酵素としてはたらき，Hを放出する。
難易度 ★★
頻出度 ★☆

問6 [6] 腎臓
Point イヌリンはすべてボーマンのうへろ過され，細尿管では全く再吸収されない。
難易度 ★★
頻出度 ★☆

問7 [7] 体液
Point 赤血球：酸素の運搬
白血球：免疫
血小板：血液凝固
難易度 ☆
頻出度 ★★☆

問8 [8] 体温調節
Point 寒い時の調節のしくみ：体温調節のしくみをしっかり把握しよう。
難易度 ★
頻出度 ★★★

問9 [9] [10] 光-光合成曲線
Point 陰生植物は光補償点も光飽和点も低い植物で，陽生植物は光補償点も光飽和点も高い植物。光合成速度＝見かけの光合成速度＋呼吸速度
難易度 ★
頻出度 ★★☆

問10 [11] 植物生理
Point 孔辺細胞内のカリウムイオンの濃度が上昇すると，膨圧が上昇し気孔は開く。蓄積したカリウムイオンを排出すると，膨圧が低下して気孔は閉じる。
難易度 ★★
頻出度 ★★

問11 [12] 被子植物の生殖
Point 花粉母細胞が減数分裂を行い，花粉四分子ができる。胚のう母細胞が減数分裂をして4個の細胞となり，うち3個は退化して消失し，残る1個が成長して胚のう細胞となる。
難易度 ★
頻出度 ★★☆

問12 [13] [14] 遺伝問題
Point
$$組換え価＝\frac{組換えによって生じた個体数}{検定交雑によって得られる総個体数}×100\%$$
難易度 ★☆
頻出度 ★★☆

問13 [15] [16] 自然浄化
Point 水中の微生物が有機物を無機物に分解させるため，アンモニウムイオンの濃度が上昇した。微生物により栄養塩類が生成すると，藻類はこの栄養塩類を利用して増殖する。さらに，藻類は酸素を放出して水中の酸素溶存量を回復させる。
難易度 ★★☆
頻出度 ★

問14 [17] 齢ピラミッド
Point X：幼若型，Y：安定型，Z：老齢型
難易度 ★★★
頻出度 ☆

問15 [18] 3ドメイン説
Point 3ドメイン説では，生物全体を細菌，真核生物，古細菌の3つに大別する。古細菌は系統的には細菌よりも真核生物に近い。
難易度 ★
頻出度 ★★

第9回

問1 [1] [2] 細胞小器官
Point 細胞小器官の構造上の特徴とそのはたらきについてしっかり把握しよう。
難易度 ★
頻出度 ★★★

解説

問2 ③ タンパク質
Point タンパク質の四次構造について詳しく覚えよう。
難易度 ★
頻出度 ★★★

問3 ④ 核酸
Point ATPは3つのリン酸基がついている。
難易度 ★
頻出度 ★★☆

問4 ⑤ 炭酸同化
Point 光合成細菌は，水の代わりに硫化水素を使って光合成を行う。化学合成細菌は，光を使わず無機物を酸化して生じる化学エネルギーを使って炭酸同化を行う。
難易度 ★★
頻出度 ★★☆

問5 ⑥ 光合成と呼吸
Point 光合成と好気呼吸のしくみを把握しよう。
難易度 ★★
頻出度 ★★★

問6 ⑦ 免疫
Point 再び抗原が体内に侵入すると，抗体は一次応答よりも速かに大量に作られる二次応答が起こる。
難易度 ★
頻出度 ★☆

問7 ⑧ 筋収縮
Point アクチンフィラメントが筋節の中央方向へ滑り込み，筋節が短くなり，筋収縮が起こる。
難易度 ★☆
頻出度 ★★

問8 ⑨ 動物ホルモン
Point 動物のホルモンの種類とそのはたらきをおさえておこう。
難易度 ★
頻出度 ★★★

問9 ⑩⑪ 受容器
Point 左目であることに注意しよう。
眼球の反射運動に関与するのは中脳である。
難易度 ★☆
頻出度 ★★★

問10 ⑫⑬ 誘導
Point 外胚葉の運命は，初期原腸胚期から初期神経胚期の間に決定する。
難易度 ★★
頻出度 ★★

問11 ⑭ 動物行動
Point 生得的な行動には走性，渡り，かぎ刺激，フェロモンによる情報伝達，ハチの8字ダンス，コウモリの反響定位などがある。
難易度 ★
頻出度 ★★★

問12 ⑮ 減数分裂
Point 精子の染色体の組み合わせは2^n通りある。$2^6 = 64$
難易度 ★★
頻出度 ★

問13 ⑯ バイオテクノロジー
Point アグロバクテリウムには，植物細胞に感染してDNAを送り込む（形質転換）性質がある。PEGが植物細胞の細胞融合を引き起こす性質を持つ。
難易度 ★★☆
頻出度 ★★

問14 ⑰⑱ 生命の起源と進化
Point 生命の起源と進化について詳しく把握しよう。
難易度 ★★
頻出度 ★★★

第10回

問1 ① 細胞構造
Point 細胞と各細胞小器官の構造やはたらきなどをおさえておこう。

難易度 ★★
頻出度 ★★★

問2 ②　筋収縮
Point　筋収縮について詳しく把握しよう。筋繊維ごとに閾値が異なる。
難易度 ★★
頻出度 ★★☆

問3 ③　核酸
Point　核酸を構成するヌクレオチドの構造はリン酸＋糖＋塩基となる。
難易度 ★
頻出度 ★★☆

問4 ④　セントラルドグマ
Point　DNAの遺伝情報は，DNAに複製されるか，RNAに転写され，さらに翻訳されてタンパク質になる。
難易度 ★
頻出度 ★★★

問5 ⑤　ラクトースオペロン
Point　誘導性オペロンの発現調節について，大腸菌のラクトース分解酵素を例に理解しよう。原核細胞のみ存在し，真核生物の細胞では存在しない。
難易度 ★★☆
頻出度 ★★☆

問6 ⑥⑦　興奮の伝導
Point　静止電位：細胞外にはナトリウムイオンが多く，細胞内にはカリウムイオンが多い。膜の内側が外側に対して-50〜-90mVになっている。また，リークチャネルはカリウムイオンを漏洩するチャネルである。
難易度 ★★☆
頻出度 ★★

問7 ⑧　ヒトの脳
Point　ヒトの脳の各部の名称とはたらきを覚えよう。
難易度 ★
頻出度 ★★★

問8 ⑨⑩　腎臓
Point　原尿中の多くのイオンが能動輸送により再吸収されるため，毛細血管内の浸透圧が細尿管内より高く，水は細尿管から毛細血管へと，受動輸送により再吸収される。
難易度 ★★
頻出度 ★☆

問9 ⑪　突然変異
Point　突然変異型の遺伝子から合成されたmRNAは野生型に比べると，等しい分子量をもつ。一方，タンパク質は分子量が小さくなっているため，終止コドンの消失は考えられない。
難易度 ★★
頻出度 ★★

問10 ⑫　被子植物の生殖
Point　被子植物の花粉形成と重複受精について詳しく知っておこう。
難易度 ★
頻出度 ★★★

問11 ⑬　植物生理
Point　正の屈性：植物体が，刺激のくる方向に屈曲する。
負の屈性：植物体が，刺激のくる方向とは反対の方向に屈曲する。
難易度 ★★
頻出度 ★★

問12 ⑭⑮　誘導と発生のしくみ
Point　シュペーマンの2つの実験と目の形成における誘導の連鎖についておさえておこう。
難易度 ★★☆
頻出度 ★★

問13 ⑯　物質循環とエネルギーの流れ
Point　エネルギーは，生態系を流れはするが，循環はしない。
難易度 ★
頻出度 ★★☆

問14 ⑰　進化
Point　霊長類への進化，ヒトへの進化や霊長類の特徴，ヒトの特徴などについて把握しよう。

解説

|難易度| ★★
|頻出度| ★★☆

問15 |18| 順位制
|Point| サルやニワトリなどの動物は順位を決めることで,無駄な争いを回避する。
|難易度| ★☆
|頻出度| ★

本書編集部「名校志向塾」の実績紹介

名校志向塾
MEKO EDUCATION GROUP

2022年度 東京大学学部合格者 11名

合格おめでとうございます！

東大合格者
- 52%（12人）その他の合格者
- 48%（11人）本学出身者

TOP校を目指すあなたへ

	合格者数	本学出身者
文系1類	5名	2名
文系2類	2名	2名
文系3類	6名	2名
理系1類	4名	2名
理系2類	6名	3名
合計	23名	11名

名校志向塾だからできる！

☑ 対面指導　　☑ オンライン指導

EJU対策のほか、国立大、早慶、明青立法中など、様々な**大学の2次試験**まで対応！

- 志望理由書対策
- 併願校対策
- 小論文対策
- 最大12年分の過去問演習
- 口頭試問・面接対策
- 少人数クラス・個別指導・日本語対応

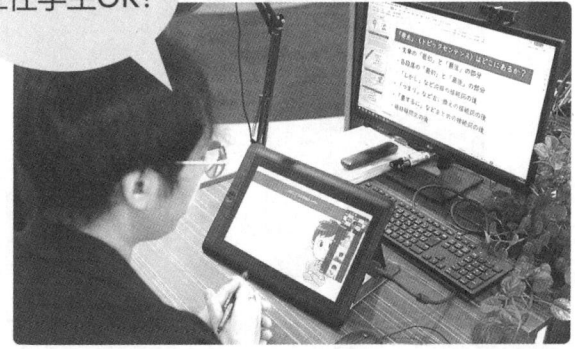

日本国外在住学生OK！

名校志向塾で一流レベルの講義を体験してみませんか？

電話　03-5332-7836（日本語OK）　 Kakao Talk

㈜해외교육사업단 발행 도서

대형 서점 일본유학시험(EJU) 부문 연간 베스트셀러 다수!

일본유학시험(EJU)
2023년 1회 기출문제

일본유학시험(EJU)
대비 개념서 하이레벨
종합과목 개정 제2판

일본유학시험(EJU)
대비 개념서 하이레벨
이과 물리·화학·생물 개정판

일본유학시험(EJU)
대비 개념서 하이레벨
수학 코스1

일본유학시험(EJU)
실전문제집
일본어 기술·독해 vol.1

일본유학시험(EJU)
실전문제집
일본어 청독해·청해 vol.1

일본유학시험(EJU)
실전문제집
종합과목 vol.1

일본유학시험(EJU)
실전문제집
수학 코스1 vol.1

일본유학시험(EJU)
실전문제집
일본어 기술·독해 vol.2

일본유학시험(EJU)
실전문제집
일본어 청독해·청해 vol.2

일본유학시험(EJU)
실전문제집
종합과목 vol.2

일본유학시험(EJU)
일본어 단어·어휘
10000어

▶ 판매처 : 교보문고, 영풍문고, 예스24, 알라딘, 인터파크 (각 서점 및 사이트에서 구입 가능)

▶ 해외교육사업단 : 전화 02-552-1010/ 팩스 02-552-1062/ 이메일 hedc@hed.co.kr

▶ 도서 발행 정보 : www.hedgroup.co.kr

유명 EJU 학원 메코시코주쿠의 다년간의 노하우가 담긴
국내 유일의 EJU 일본어 문법 도서

일본유학시험(EJU)
일본어 문법과 표현

일본어 초보자에서 상급자까지
단계적 학습 유도!

EJU 일본어 독해, 유명 대학 본고사의
기출문제 수록!

반복적인 보충 설명으로 상세한 해설!

일러스트로 재미있고
쉽게 이해되는 문법 공부!

아나운서와 성우가 참여해 녹음한
예문 음성파일 제공!

1,200개 이상의 확인 테스트 문제 제공!

(주)해외교육사업단 발행 l 516페이지 l 25,000원

일본 대학 진학 및 본고사 대비에 필요한 문법과 표현 총정리!

▶ EJU, JLPT, 대학 본고사 대응을 위한 일본어 종합문법

▶기초에서 응용, 초일류 대학 입시 레벨의 문법까지 총정리

▶요점 정리 노트 스타일과 일러스트로 쉽게 이해할 수 있는 해설

▶일본 「국문법」과 외국인용 「일본어 교육 문법」을 동시 취급

▶본시험에 가까운 예문 및 필수 문형 표현으로 실전력 향상

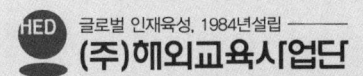

일본유학시험(EJU) 실전문제집
이과 생물 Vol. 1

초판발행일 : 2024년 2월 26일(1쇄)

저　　　자 : 메코시코주쿠 (名校志向塾)

발　행　인 : 송부영

발　행　처 : (주)해외교육사업단

출 판 등 록 : 제16-1456호

주　　　소 : 서울시 서초구 강남대로 381

전　　　화 : 02-736-1010

이　메　일 : song@hed.co.kr

홈 페 이 지 : www.hedgroup.co.kr

* 본사에서는 소중한 원고, 새로운 기획의 제안을 기다리고 있습니다.
* 이 책은 저작권법에 의해 보호를 받는 저작물이므로 무단 전재와 복제를 금합니다.
* 잘못된 책은 구입하신 서점이나 본사에서 교환해드립니다.